帝京大学シルクロード叢書 001

シルクロードの
コイン
1

山内和也 [編]

帝京大学出版会

序

－帝京大学シルクロード叢書の創刊にあたって－

　帝京大学は、2016年に創立50周年を迎えたことを機に、シルクロードの歴史や文化、考古学、文化遺産に関する学術的な調査や研究を行うことを目的として「帝京大学シルクロード学術調査団」を設立しました。その活動の中核を担っているのが帝京大学文化財研究所です。調査団の設立にあわせて、帝京大学文化財研究所は中央アジアやシルクロード沿いの国々において、各国や各地域の学術機関と共同で学術的な調査と研究を推進しています。現在では、中央アジアのみならず、コーカサス地方の国々へ、そして海のシルクロードへとその活動の場が広がっています。

　帝京大学シルクロード学術調査団の中核をなしているのが、キルギス共和国に位置するアク・ベシム遺跡における発掘調査です。2016年以来、キルギス共和国国立科学アカデミーと共同で、かつてスイヤブと呼ばれた都市遺跡アク・ベシムの発掘調査を実施し、大きな成果を挙げています。この調査はたんなる発掘調査にとどまらず、考古学、歴史学、文献史学、美術史、動物考古学、植物考古学、文化財化学、文化遺産学、考古医科学、薬学、地理学、地形学といった異なる専門を持つ研究者が集う学際的な調査研究へと発展を遂げました。また、研究の進展にともない、さまざまな成果が挙がってきています。

　「帝京大学シルクロード叢書」の創刊は、帝京大学シルクロード学術調査団が実施してきたこれまでの調査研究の成果を広く知っていただくための試みであるとともに、これからのシルクロードに関する学術研究の礎とすることを目的としています。その一方で、この叢書は学術研究の成果のみならず、シルクロード全般に関する情報を広く共有するためのものでもあります。

　ユーラシア大陸を東西南北に繋ぎ、洋の東西を結ぶシルクロードは、絹といった「もの」を伝える交易の道でもありましたが、それだけでなく、技術や

iii

宗教、思想、生活様式といった人間の文化や知恵を伝える道でもありました。さらには、人と人が出会う舞台でもありました。この叢書が、これからのシルクロード研究の一助となるだけではなく、シルクロードとの出会い、そしてシルクロードにご興味のある方々の出会いのきっかけとなることを願います。

編者　山内和也
帝京大学文化財研究所

はじめに

　中央アジアの遺跡で発掘をしていると、ときおり「コインが出た」という声が上がる。もちろん、発掘ではコインだけでなく、土器も出土すれば、金属製品も出土するが、ついコインに注目が集まってしまうのは人の性であろうか。もちろんコインの出土は喜ばしいことではあるが、大変なのはそれからである。カタログやインターネットに見るような立派なコインとは異なり、発掘で出土するコインは大抵の場合、錆の塊のようになっており、何か書かれているのか、あるいは何も書かれていないのかすら判別できないことも多い。さらに、参照すべき英語や日本語で書かれた本やカタログもほとんど存在しない。旧ソ連領の中央アジアのコインに関する本のほとんどはロシア語で書かれており、それを読み解くのは、コインの銘文を解読するのにも負けず劣らず、手間がかかるものである。

　帝京大学文化財研究所では、帝京大学創立50周年を機に、2016年からキルギス共和国のアク・ベシム遺跡で発掘調査を行っている。アク・ベシム遺跡は、キルギス共和国の北部、ビシュケクの東60キロに位置するチュー川の南岸に沿って連なる都市遺跡の１つであり、６～10世紀にはシルクロードの国際交易都市として栄えた。アラビア語やペルシア語史料ではスイヤブ、漢文史料では砕葉、素葉（水）城、素葉の名称で記録されている。630年には経典を求めてインドへ向かった玄奘がこの地を訪れている。この遺跡の発掘調査でも、少なからずコインが出土している。ところが、発掘を始めた頃は拠るべき文献が手元になく、そのコインがどの時代のもので、どの王朝のものであるかを特定できないという状態であった。本書を編集しようと考えたのは、このような背景があったからである。

　直接のきっかけは、「シルクロード学研究会 2022 冬」の研究会でコインを特集したことである。帝京大学文化財研究所は、2016年の発掘調査の開始にあわせて、シルクロード、そして中央アジアを学際的に研究し、知見や情報を交換する場として、2016年から「シルクロード学研究会」を開催している。「2022

v

冬」の研究会では、「コインが語るシルクロード」と称して、7人の専門家に
ご発表いただいた（敬称略）。「古代から中世のシルクロード貨幣について（概
観）」［平野伸二］、「ソグドのコイン」［吉田豊］、「アク・ベシム遺跡出土のコ
イン」［藤澤明・竹井良］、「アフガニスタン周辺のコイン」［宮本亮一］、「サー
サーン式コインにみられる後刻印」［津村眞輝子］、「中央アジア出土の中国式
コイン」［柿沼陽平］といったラインアップで、中央アジアとその周辺地域で
出土するコインを広範に扱ったものであった。

　これに先立ち、山内と吉田は、キルギス共和国、とくにアク・ベシム遺跡が
位置するチュー川流域のコインに関するロシア語の論文と研究書の翻訳に着手
した。翻訳の対象としたのは、キルギス共和国で活躍している古銭学者 A. M.
カミシェフ氏のものである。2本の論考については、すでに『帝京大学文化財
研究所研究報告』第20集（2021）に「アク・ベシム遺跡で採集されたコイン資
料」および「チュー川流域における中世初期コインの新発見」として掲載され
ている。

　その一方で、チュー川流域のみならずキルギス共和国で出土しているコイン
の全容を知るために、同じく A.M. カミシェフ氏が2002年に出版した『中世初
期におけるセミレチエのコイン－キルギズスタンにおける貨幣経済の始まり
－』の翻訳にも着手した。ロシア語に悩まされながらも、AI翻訳を駆使し、
どうにか完成に漕ぎつけることができた。本書が出版されることとなった背景
はこのようなものであった。

　さて、本書は、2巻からなる『シルクロードのコイン』の第1巻である。第
1巻は研究・解説編とも言うべきものであり、上述の研究会でご発表いただい
た4人の研究者の方々に玉稿を賜るとともに、それに加えてアク・ベシム遺跡
から出土したコインに関する3本の論考を収録した。なお、第2巻にはカミ
シェフの著書とそれに関連するシルクロードのコインに関する論文の翻訳を収
録する。以下に、本書に収録されている論考について簡単に紹介する。

　平野伸二氏の「古代から中世のシルクロードのコイン」は、パミールの西か
ら東に及ぶ西トルキスタンから東トルキスタンのコインを概観したものである。
おもにご自分のコレクションを用いて、シルクロード沿いで見つかるコインを

広範かつ詳細に解説したものである。驚くべき点は、そのヴァリエーションの多さである。シルクロード沿いの各地でこれほど異なるコインが発行されていたことを知るだけでも、平野氏の論考は大いに役立つものであろう。また、このような論考が日本語で発表されることは、日本におけるシルクロードのコイン研究に大きな貢献をするものとなろう。

　吉田豊氏と山内和也の「帝京大学文化財研究所チームがアク・ベシム遺跡で発掘したコインをめぐって」は、2016年から2023年までの帝京大学の調査によって出土したコインを対象としたものである。年次ごとの報告書にもこれらのコインが掲載されているものの、いずれも保存修復処置の前の図や写真であり、正確な枚数も含め、詳細が不明であったことから、2023年夏季の調査であらためて全部を調査し直し、その結果を報告するものである。また、あわせて、シルクロードのコインにまつわるさまざまなトピックを取り上げている。

　藤澤明・三浦麻衣子・竹井良氏の「アク・ベシム遺跡出土のコイン」は、アク・ベシム遺跡から出土したコインの保存修復処置の過程で行なった科学的調査の成果の一部である。蛍光X線分析計による元素分析、表面電離型質量分析計を用いた鉛同位体比測定を行ない、アク・ベシム遺跡出土の銅合金製資料を材質の観点から研究したものである。その結果、同じ銅合金製資料のなかでも、アク・ベシム遺跡出土のコイン類は鉛含有量が高いという特徴を持っていることが明らかとなった。

　竹井良・藤澤明両氏の「中央アジアのコインの材料と鉛同位体比からみたイスラーム化以前の金属流通」は、自然科学的な手法を用いてコインの原材料の産地推定を行ない、中央アジアにおける金属利用について明らかにすることを目的としたものである。文化財研究所が所蔵するシルクロードのコインを対象とし、蛍光X線分析計による元素分析、表面電離型質量分析計を用いた鉛同位体比測定を行なった結果、それぞれの地域では、在地の原材料を用いている場合もあれば、遠方の地域からの原材料を用いている場合もあり、地域によって金属利用の様相が異なることが明らかとなった。なお、同論考は、『帝京大学文化財研究所研究報告』第22集（2023）に掲載されたものを本書に再録したものである。

藤澤氏と三浦氏、竹井氏による2本の論考は、シルクロードのコインに対する自然科学的なアプローチに関するものである。中央アジアでは、コインと言うと、どちらかというと銘文の解読や型式の比定による時代の特定に焦点があてられ、いわゆる人文科学分野（古銭学）の対象として扱われてきた。もちろんこれまでも自然科学的な調査や分析は行なわれてきたが、系統的かつ継続的なものは少ない。この2本の論考は、帝京大学文化財研究所に所属する文化財の保存科学や分析科学の分野の専門家と人文科学系の専門家との学際的な研究の成果である。

　宮本亮一氏の「ヒンドゥークシュ南北の貨幣とその周辺」は、おもにアフガニスタンから出土したとされるコインを扱ったものである。東トルキスタンや西トルキスタンとは異なり、銀貨のほかに金貨が発行されていたことがその特徴である。とはいえ、こうした銀貨や金貨以外にも、たくさんの青銅貨が発行されていることも良く知られている。これらのコインには周辺地域や王朝の影響も強く見られるものの、それぞれの地域や王朝で独自のコインを発行していたことが窺える。

　シルクロードに関する展覧会といえば、必ず展示されるのがコインである。どちらかと言えばあまり目立たず、見過ごされがちなのがコインではなかろうか。来館者の多くは、いったんは目に留めるものの、そのまま通り過ぎてしまう対象と言えるかもしれない。しかしながら、コインはその時代の歴史や経済、文化、人々の生活を知る上で、とても重要な資料である。とくに文献史料が残されていないシルクロード地域にとっては、きわめて貴重な資料となっている。その意味では、シルクロードは、コインなくしては、その様相を知ることは困難であると言えよう。

　最後になるが、本書の出版にご協力くださった研究者の皆さまに深く感謝申し上げる。また、本書が、これまで日本人に馴染みがなかったシルクロードのコインに触れる機会となり、さらにはシルクロードの歴史や文化、人々や経済の交流を理解するための一助となることを希望する。

帝京大学文化財研究所

山内和也

目　次

序

はじめに

古代から中世のシルクロードのコイン
平野伸二 ···1

帝京大学文化財研究所チームがアク・ベシム遺跡で発掘したコインをめぐって
吉田 豊・山内和也 ··57

アク・ベシム遺跡出土のコイン
藤澤 明・三浦麻衣子・竹井 良 ··121

中央アジアのコインの材料と鉛同位体比からみたイスラーム化以前の金属流通
竹井 良・藤澤 明 ··129

ヒンドゥークシュ南北の貨幣とその周辺
宮本亮一 ··167

ix

古代から中世のシルクロードのコイン

平野伸二

　中央アジアでは険しい地理的環境のもと、古代から大国の影響を受けながら、オアシス都市を結ぶ東西の交易路、いわゆるシルクロードが存在した（図1）。それに沿って存在する国々や都市では時代ごとに多様なコインが発行され、今日でも各地から多数出土している。ここでは古代から中世のシルクロードのコインについて概観する。

　本稿で紹介するシルクロードのコインについては、地政学的な理由から大まかに2つの地域に分離して研究がなされてきた。まず、バクトリア王国やクシャン朝などアフガニスタンやパキスタン周辺で出土するコインについては、古くから欧米での研究が進み、ゲーブルやミッチナーらの包括的研究は日本でもよく知られている（Göbl 1967, 1984, Mitchiner 1975-6, 1978, 2004）。一方、ウズベキスタンやキルギスタンなど旧ソ連邦諸国で出土するコインについては、当然のことながら旧ソ連邦で研究が進められてきたため、それらのコインやその情報は西側にはなかなか知られてこなかった（西側ではミッチナーがかつて初期の研究を発表したがごくわずかである；Mitchiner 1973a）。1981年にスミルノヴァがソグディアナの貨幣についてそれまでの発掘や博物館あるいは個人の収蔵品をもとに発表した研究書が、この分野の最初の包括的な研究といえる（Smirnova（Смирнова）1981）。この研究書は現在でもこの分野の基盤となっているが、その後、数々の研究者によってこの分野の研究が進められてきた（例えば、ルトヴィラゼ 2011, Kamyshev（Камышев）2002, Babayarov 2007, Naymark 2011など）。また、この20年ほどで旧ソ連邦出土のコインも西側市場でもしばしば見られるようになり、一般にも知られるようになってきた（平

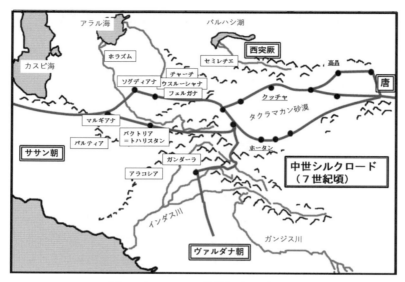

図1　シルクロード地域図（7世紀頃）

野 2004）。さらに、これらのオリエントコインのデータベース化も民間で進み（Zeno.Ru.；https://www.zeno.ru/）、比較的容易に最新の知見を知ることができるようになってきた。しかし、発掘や出土情報は現地でないとわからないことも多く、研究の中心は今でも旧ソ連邦諸国である。したがって本稿の内容の多くが二次的な情報のため正確性には限界があることをご留意いただきたい。

1　古代から中世のシルクロードのコインの特徴

シルクロードのコインには、ギリシア、ササン朝、唐などのコインを踏襲した様々なタイプが存在する。それらのコインには、発行者などを同定したり分類したりするいくつかの手がかりがある。まず、コインには支配者や神の肖像、その他様々な図柄がみられ、そのスタイルの違いにより分類される。銘は発行者の特定に最も重要な証拠となるが、それらはギリシア文字、カロシュティ文字、バクトリア文字、アラム文字、パフラビ文字、ソグド文字、漢字などで刻まれている。また、シルクロードのコインではしばしば発行者やその氏族、あるいは発行地などを示す印（タムガ tamgha）が見られる（図2）。初期のタ

図2　タムガの例

ムガはインドパルティアのゴンドファルネスなどのコインに見られるが、アレキサンダー大王やバクトリアコインのミントマークやモノグラムなどが起源になっていると想像される。

2　古代から中世のシルクロードのコインの変遷

シルクロードのコインは大国からの影響により時代とともにダイナミックな変遷を遂げていく。ここではコインの導入からイスラムコインへの移行までを大きく3つの時期に分けてその変遷を見ていく（ルトヴェラーゼ 2003参照）。まず第1段階として、紀元前4世紀から紀元3世紀前半頃までは西洋（ギリシア）式の打刻コインが導入され、周辺地域へ拡大した時期である（図3）。アケメネス朝の領土内では中央アジアにも少なからずシグロス銀貨が流入したが、ソグディアナなどでのコインの発行は定かではない。中央アジアでの本格的なコインの導入は、アレキサンダー大王（位 BC336〜BC323）の東方遠征以降で、バクトリアのギリシア人国家によってコインが発行されたことに始まる。セレウコス朝（BC312〜BC63）やグレコバクトリア王国（BC255頃〜BC139）では、ギリシア本土と同等の非常に精巧なコインが発行され、銘もギリシア文字である。それらのコインはソグディアナにまで出土が報告されているが（Naymark 2014）、その後辺境でつくられたコインは職人の技術力の低下、または異民族による模倣貨のため造りは稚拙である。同様にバクトリアでもギシリア勢力の衰退に伴って、インドスキタイなど異民族による支配地域や後継王朝では独自

3

図3　紀元前4～紀元3世紀頃　ギリシア式コインの広がりと影響

のコインが見られるようになった。

　第2の時期は紀元3世紀後半～8世紀頃で、ササン朝ペルシア（224～651）のコインの影響が広がった（図4）。ササン朝は、表には王の肖像、裏にはゾロアスター教の拝火壇を描いた薄いコインを発行した。特に、ペーローズ1世（PerozI; 位459～484）がエフタルとの戦いに敗れた結果、賠償金として中央アジアに大量のササン朝の銀貨が流入し、国際通貨としての役割を担うようになったことは重要である。ササン朝の銀貨は、実際に中国国内でも一括出土（hoard）が見られる（コイン23-10; Skaff 1998, 津村・山内 2003など）。また、ササン朝の銀貨の影響を受けた薄いコインは各地で発行された。例えば、シャプール2世（Shapur II; 位309～379）のコインをもとにアルハンのコインがつくられ、またバフラム5世（Varhran V; 位421～439）のコインを踏襲したコインがソグディアナで発行された。その他、クシャノササン、インドササン、キダーラ、ネーザク（ネザーク）フン、西突厥などのフン関連民族（Hunnic tribes）やその周辺民族へササン朝コインの影響を受けたコインが広がり（Göbl

0-1 ビザンチン模倣貨

0-2 ビザンチン模倣貨

図4　ササン朝コインの広がりと影響（4世紀～7世紀頃）

1967, Vondrovec 2014, Alram, 2016）、一部では10世紀以降まで影響が残った。

　また、4世紀頃から8世紀頃にかけて中央アジアではビザンチンの金貨等の流入が見られ、シルクロードのコインに影響を与えた。まず、それらの模倣貨もつくられた（0-1～2, 20-4）が、ビザンチンコインで見られる王と女王の肖像のデザインは、北トハリスタン（13-8）、西ソグド（16-8）、チャーチ（20-5）、フェルガナ／東ソグド（21-4）などにも踏襲された。さらに、ビザンチンコインの模倣かキリスト教の信仰を示すかは定かではないが、ネストリウス派

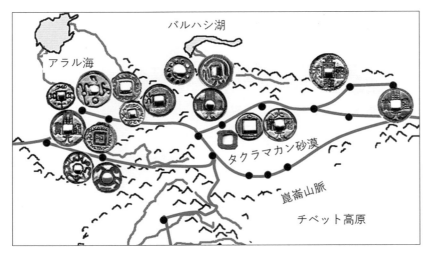

図 5 　中国の穴銭の広がりと影響（7〜9 世紀頃）

の十字架は北トハリスタン（13-13）、ホラズム（14-8）、パイケント（16-18, 19）、ウスルーシャナ（19-6）などのコインの一部で見られる。

　第 3 段階は、7 世紀頃からアラブの侵攻が始まる 8 – 9 世紀頃までで、この時期には中国銭（鋳造による方孔銭などのいわゆる穴銭）の影響が広がった（図 5）。中央アジアには 7 世紀以前にも既に五銖銭などの穴銭が少ないながら流入していたが、唐の開元通寶（621 年〜）の流入は特に大きな影響を与え、シルクロード各地でも独自の開元通寶が発行された（16-15, 17-13, 20-20, 22-2〜4）。さらに、中国銭の影響により各地でソグド文字などを用いた穴銭が発行された。また、時として方孔銭を模したコインも発行された（15-8, 17-23, 20-22, 24-2）。しかし、8 世紀頃からアラブの侵攻とともにコインにもイスラムの影響が出始め、その後急速にイスラムコインに置きかわっていった。

3 　シルクロード諸地域と諸王朝のコイン

　ここからシルクロードのコインを地域や王朝ごとに順番に紹介していく。グレコバクトリア王国やクシャン朝などバクトリア周辺のコインについては、体系だってよく研究されているため、王朝ごとに紹介していく。しかし、それら

は本稿の域を超えるため、ごく一部の代表的なもののみを紹介する。一方、本稿のメインであるソグディアナを中心とした北トハリスタン〜セミレチエにかけては、コインの発行者も不明なことも多いため地域ごとに紹介していくが、広大な地域を支配していた西突厥などは、その支配地域ごとに分散して紹介しているので注意されたい。

3−1　アラコシア Arachosia・ガンダーラ Gandhara〜ガンジス河中流域 Middle Ganges

　最初の西方式（打刻）コインは紀元前7世紀頃にリディアやイオニアなどの小アジアで発行されたが、その後小アジアを支配したアケメネス朝（Achaemenids; 前6世紀中頃〜BC330）では、それらを踏襲したダリウス金貨やシグロス銀貨が発行された（1-1）。アケメネス朝がソグディアナなどの中央アジアに達する大帝国となると少なくとも東部のバクトリア付近まではシグロス銀貨などが多少なりとも流入したようであるが、その出土数は少ないためどの程度通貨として用いられたかは定かではない。その後も小アジアでは、イオニアのコインやシグロス銀貨の流れを受けた西方式のコインが発行された。それらの地金は分厚く、表の主たる図柄の刻印（刻印台）に対して、裏はたがねによる打刻のため初期には無紋の凹みになっているが、後期では図柄をもつようになる（Mitchiner 1978, 2004）。

　紀元前6〜4世紀頃のアケメネス朝のサトラップであるアラコシア付近（カブールも含まれる）では特徴的な地方コインが発行された（1-2, 3）。それらは、小アジアのコインの特徴をもつ一方、異なる特徴も示す。すなわち、凹側の刻印が主たる図柄のように見え、凸の図柄が目立たなくなっている。カブール近郊の Chama-ni-Hazouri などでの一括出土では、これらの地方コインと同時にギリシアコインとガンダーラの打刻印貨幣の一種であるショートバーが含まれている（Curiel & Schlumberger 1953, 1-4, 5; ただし1-5は別の出土）。

　仏陀の時代と言われる紀元前6〜4世紀頃には、ガンダーラからガンジス河流域を中心としたインドの北部にかけて、打刻印貨幣（Punch-marked coins）が発行された（Gupta 1968, Mitchiner 1973b, 2004, 平野 2003）。それらは地金

シルクロードのコイン 1

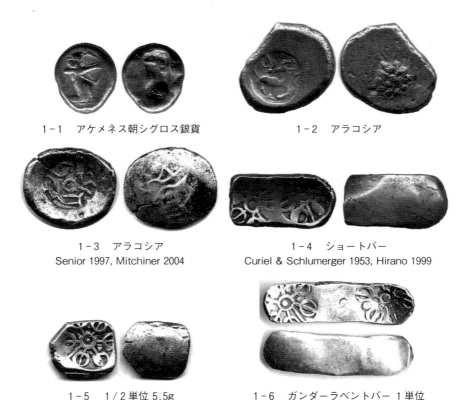

1-1　アケメネス朝シグロス銀貨

1-2　アラコシア

1-3　アラコシア
Senior 1997, Mitchiner 2004

1-4　ショートバー
Curiel & Schlumerger 1953, Hirano 1999

1-5　1/2単位 5.5g

1-6　ガンダーラベントバー 1単位

より小さな刻印が1〜5個打刻されているので打刻印貨幣と呼ばれ、古代十六大国とよばれる国々や都市などで発行されたインド最初のコインと言われている (1-4〜15)。しかし、古文書などの記録もほとんどなく、コイン自体にも銘がないため、その起源や発行者などについてはマガダ国などの一部を除いて未解明の部分が多い (Rajgor 2001, Mitchiner 1973b, 2004, Bopearachchi&Pieper 1998, Hardaker 2019)。

これらの地域へのコインの導入をまとめると、紀元前6〜5世紀頃に西方式のコインがアラコシアに伝わり、さらにそれがガンダーラを経てガンジス中流域に伝わりインドの打刻印貨幣の起源になったという説が有力である

(Mitchiner 1973b, 2004, Bopearachchi & Pieper 1998)。その根拠の1つに

古代から中世のシルクロードのコイン

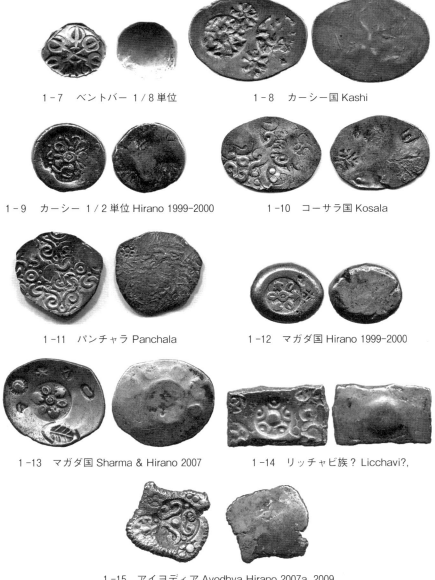

1-7　ベントバー 1/8 単位　　　　1-8　カーシー国 Kashi

1-9　カーシー 1/2 単位 Hirano 1999-2000　　1-10　コーサラ国 Kosala

1-11　パンチャラ Panchala　　　1-12　マガダ国 Hirano 1999-2000

1-13　マガダ国 Sharma & Hirano 2007　　1-14　リッチャビ族？ Licchavi?,

1-15　アイヨディア Ayodhya Hirano 2007a, 2009

重量単位の共通性がある。銀の重量単位シグロス（5.5g）は、ガンダーラのベントバーやガンジス中流域の打刻印貨幣の銀の重量単位であるサタマナ（1 Satamana＝11g, 1/2 Satamana＝5.5g）へと受け継がれたと考えられている（なお、インドにはほぼ同時期に海路により伝わったカルシャパナ（Karshapana: 3.4g）という単位も存在する）。また、コインの刻印とその外観も根拠の1つとなっている。実際にアラコシアの打刻印貨幣の中にはインドの打刻印貨幣と同様に複数の刻印をもつものも知られているが、刻印が1個で幾何学模様のものはアラコシアとガンジス中流域のコインの類似性が高い（例えば1-3, 5, 7, 9. 15）。

3-2　セレウコス朝 Seleucid、グレコバクトリア王国 Greco-Bactrian Kingdom、インド・グリーク朝 Indo-Greek Dynasty

　かつてアケメネス朝の東方のサトラップであった地域では、紀元前327年頃のアレキサンダー大王の東方遠征以降独立し、セレウコス朝（紀元前312年独立）、グレコバクトリア王国（紀元前256年独立）、パルティア（紀元前247年独立）などが大量のコインが発行した（Mitchiner 1978）。これらの国々では精巧なギリシア式のコインが発行され、銘に用いられる文字もギリシア文字であ

2-1　セレウコス1世 Seleukos I　　2-2　アンチオコス Antiochos I

2-3　ソファイテス ?Sophytes　　2-4　ソファイテス

2-5　パルティアアンドラゴラス Andragoras　　2-6　バクトリアディオドトス Diodotus I

2-7　デメトリオス1世 Demetrius I　　　　　2-8　アンチマコス Antimachus I

2-9　ユークラティディス1世 Eucratides I　　2-10　ミリンダ王 Menander I

2-11　アガトクレス王 Agathokles　　　　　2-12　アポロドトス Apollodotos

る（2-1〜9）。また、銀の重量単位もギリシア式重量（Attic standard 4.3g）である。その後紀元前2世紀のインドグリーク朝のコインでは、裏の銘はカロシュティ文字に置きかわり、銀貨ではインド式重量（Indian standard 2.4g）が用いられた（2-10〜12; Mitchiner 1975-6, 1978）。

3-3　ガンダーラの土着貨幣　Indigenous Coins of Gandhara

　紀元前2世紀頃のガンダーラでは土着の銅貨が多く発行された（Mitchiner 1978, 2004, Bopearachchi & Pieper 1998, Pieper 2021）。バクトリアのコインに影響を受けたスタイリッシュなものから（3-1）、シバリンガム（3-2）、法輪（3-3）、卍やナンディパダ（3-4）などの土着のシンボルやデザイン、カロシュティ文字やブラフミ文字銘の見られるものなど多様なものが知られている。ギルドを示すNegama銘を持つものがあり（3-2）、これらの土着コインはギルドコインとも呼ばれている。

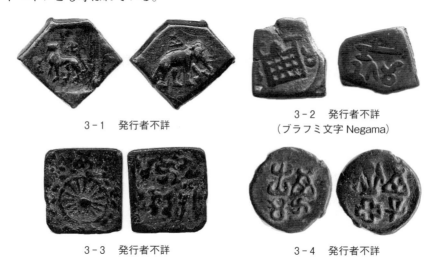

3-1　発行者不詳

3-2　発行者不詳
（ブラフミ文字 Negama）

3-3　発行者不詳

3-4　発行者不詳

3-4　インドスキタイ Indo-Scythians、インドパルティア Indo-Parthian

　ギリシア人国家の衰退に従い、遊牧騎馬民族が侵攻し、紀元前1世紀頃からインドスキタイやインドパルティアなどの支配者がコインを発行した（Mitchiner 1975-6, 1978, Senior 2001）。ギリシア式コインの模倣貨幣は初期のものとされているが、正確にはわかっていない（4-1,2）。インドスキタイのコインにはしばしば騎馬が見られるが（4-3）、アゼス王などのコインの発行数は相当数に上ると考えられる。インド北西部を支配したクシャハラタ Kshaharatasでは法輪のシンボルが見られ（4-6）、ギリシア語銘のものも存在するが、カロ

古代から中世のシルクロードのコイン

4-1　ダハエ？ Dahae　　　　　　4-2　発行者不詳

4-3　アゼス王 Azes　　　　　　　4-4　マウエス Maues

4-5　マウエス　　　　　　　　　4-6　クシャハラタ Kshaharatas

4-7　ゴンドファルネス王 Gondopharnes I　　4-8　ゴンドファルネス王

シュティ文字銘のものが多い。

　インドパルティアでも騎馬コインが発行されたが、アルサケス朝パルティアのコインを踏襲したものが多く発行された（4-7〜12）。ゴンドファルネス王（Gondopharnes I; 位 AD19〜46）のコインにはタムガが見られる（4-7,8）。マルギアナ周辺では、パルティアのコイン（あるいはその模倣貨）に追加の刻印

13

シルクロードのコイン 1

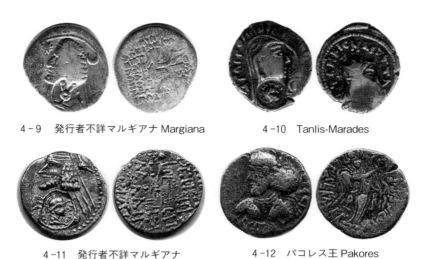

4-9　発行者不詳マルギアナ Margiana　　4-10　Tanlis-Marades

4-11　発行者不詳マルギアナ　　　　　　4-12　パコレス王 Pakores

（追刻、後刻印）があるものも発行された（4-9〜11）。また、パコレス王（Pacores; 位 AD79〜105）など歴代の王の銅貨も知られている（4-12）。

3-5　大月氏 Yueh-chi とクシャン朝 Kushan

インドスキタイとの区別は必ずしも明確ではないが、紀元1世紀頃の大月氏のコインと言われるものは、いずれもバクトリアのコインの影響を色濃く残している（Senior 2001, Mitchiner 2004, Jongeward & Cribb 2015など）。バダフシャン Badakhshan では、ヘルメットを被った王の肖像を模した小型銀貨が数種知られており、ギリシア文字銘をもつ（Sapadbizes, Arseile, Pulage, Pabes など）（5-1, 2）。その他、メルヴのユークラティディス（Eucratides）模倣貨やヘリオクレス（Heliokles）模倣貨、ヘルマイオス（Hermaeus）模倣貨、南ソグドのフセイガハリス（Phseigacharis）、西ソグディアナのユーティディモス（Euthydemus）模倣貨などがある（5-3, 4, 15-3, 16-3）。ヘライオス Heraios 銘のコインの後期のものはクシャンの開祖クジュラカドフィセス王（Kujura Kadphises; 位 c50-90, 以下クシャン朝の王の在位は Jongeward & Cribb 2015による）のコインだと言われている（5-5）。クジュラカドフィセスとされているコインには、その他ローマコインタイプ、軍人タイプ、ラクダと牛のタイプなどかなり

古代から中世のシルクロードのコイン

5-1　サパドビゼス Sapadbizes　　　　5-2　プラゲス Pulages

5-3　ヘリオクレス Heliokles 模倣貨　　5-4　ユークラティディス1世模倣貨

5-5　クジュカカドフィセス Kujula Kadphises　　5-6　クジュカカドフィセス

大きなバリエーションがある（5-6〜8）。次のヴィマタクト VimaTakto（ソーターメガス Soter Megas; 位 BC90〜BC113）の治世に領土が拡大し、その後ヴィマカドフィセス Vima Kadphises、カニシカ1世（カニシカ王）（Kanishika I; 位 BC127〜BC151）、フビシュカ（Huvishaka; 位 BC151〜BC190）、ヴァースデーヴァ1世（Vasudeva I; 位 BC190〜BC230）などが続く。それぞれの王は特徴的な金貨と銅貨を発行している（5-9〜18）が、銀貨はほとんど知られていない。カニシカ王のコインには、ナナ Nana、マオ Mao、ミトラ Mitra（Miiro）、シバ Siva（Oehsho）、風神 Vado（Oado）、仏陀 Boddo など様々な神が描かれているが、ヴァスデバ以降にはシバやアルドクショ Ardoxsho など限られてくる。クシャン朝のコインについては、ゲーブルやクリブらの研究を参照されたい（Göbl 1984, Michiner 1978, Jongeward & Cribb 2015）。

15

シルクロードのコイン 1

5-7　クジュカドフィセス　　　　　　5-8　クジュカドフィセス

5-9　ヴィマタクト Vima Takto　　　　5-10　ヴィマカドフィセス
　　　　　　　　　　　　　　　　　　　　　Vima Kadphises（シバ）

5-11　ヴィマカドフィセス（シバ）　　5-12　カニシカ王 Kanishka I（ミトラ）

5-13　カニシカ王 Kanishka I（シバ）　5-14　カニシカ王 Kanishka I（仏陀）

5-15　カニシカ王 Kanishka I（仏陀）　5-16　フビシュカ Huvishka（ナイキ）

16

5-17　フビシュカ Huvishka（風神）　　5-18　ヴァスデバ Vasudeva（シバ）

3-6　フン関連民族 Hunnic tribes とその周辺民族（クシャノササン朝 Kushano-Sasanian、キダーラ Kidara、アルハン Alkhan、エフタル Hephthalites、ネーザク Nezak、西突厥 WesternTurks）

　4〜8世紀頃にはササン朝コインの影響を受けた一連の薄いコインが中央アジアで広く発行されたが、ゲーブルはそれらをフンのコインとして包括的に分類した（Göbl 1967, Vondrovec 2014, Alram 2016, 宮本 2022）。クシャノササン朝、キダーラ、アルハン（アルホン）、エフタル（白フン）、ネーザク（ネザーク）、西突厥などのコインがこれにあたるが、民族的にはクシャノササンや西突厥はフンの系統ではない。また、Vondrovec や Alram はハラジュ突厥と西突厥を区別していないが（吉田私信）、ここでも便宜上西突厥という言葉を用い、コインは Vondrovec の分類に従う（タイプを V で表記する）。

　クシャン朝の後継となるクシャノササン朝では、クシャン朝のヴァスデバのコインを模したものが発行された（6-1,2）。表には王の立像とバクトリア文字銘、裏にはシバ神と聖なる牛が見られる。銅貨では、ササン朝のコインを模して、表に王の横顔、裏にアフラマズダと拝火壇が見られる（6-3）。

6-1　クシャノササン Pērōz?　　　　6-2　クシャノササン Hormizd I

6-3　クシャノササン銅貨

　キダーラは、5世紀頃にはガンダーラやインド北部を支配した。いくつかのタイプに分類されるが、1つ目はクシャン朝後期のコインを踏襲した金貨〜劣位金貨で、表に王の立像と裏にアルドクショの座像が描かれている（7-1）。2つ目はクシャノササンと酷似した大型の薄い金貨であるが、王の被る冠などの特徴が異なる（7-2）。銀貨では、表に王の胸像が描かれたササン朝タイプのものが、いくつか発行された（7-3〜5）。特に胸像が正面のものや立派な冠が見られることが特徴的である（7-4,5）。また、キダーラは東ソグドまで勢力を伸ばし、kydr 銘の小型の銀貨が発行された（17-6）。

7-1　キダーラ　　　　　　　7-2　キダーラ　バフラム

7-3　キダーラ　バフラム V9　　7-4　ブッダミトラ Buddhamitra V18

7-5　キダーラ V11

　アルハン Alkhan（アルホンフン Alchon Hun）のコインは、4〜5世紀にはシャプール2世を模倣した小型の銅貨が見られ、サマルカンドと酷似したタムガ（S2）をもつものも知られている（8-1、図2参照）。5世紀後半からは、小頭の特徴的な肖像が描かれている銀貨が多く、アルハンのタムガ（S1）が見られる（8-2,3）。裏の拝火壇は打刻により潰れてほとんど見えないものが多い。その他、多様なコインが発行され、金貨や銅貨も見られる（8-5,6）。

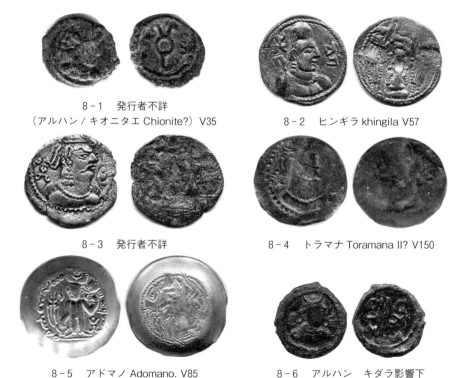

8-1　発行者不詳
（アルハン／キオニタエ Chionite?）V35

8-2　ヒンギラ khingila V57

8-3　発行者不詳

8-4　トラマナ Toramana II? V150

8-5　アドマノ Adomano. V85

8-6　アルハン　キダラ影響下

トバジニ Tobazini はバフラム４世（Varhran IV；位388～399）を模した貨幣を発行し、そこにはアルハンのタムガ（S2）が見られることもある（9-1）。一方、エフタルは、５世紀中頃にキダーラの下でバクトリアの一部を支配したようである（Alram 2016）。その後、エフタルは484年にペローズ１世との戦いに勝利してバクトリアでの支配を確立し、戦利品として大量のササン朝の銀貨を得るとともに、ペローズ１世の模倣銀貨を大量に発行した（9-2）。また、グラス？をもつ王子の肖像とバフラム５世スタイルの肖像をもつ特徴的なコインもエフタルのコインとして知られている（9-3）。エフタルとの関連や正確な発行者は不明であるが、ペローズ１世の模倣貨はバクトリアを中心に種々のタイプが発行された。それらはしばしばタムガ、図柄、銘などの追刻が見られ、特に北トハリスタンでは特徴的な模倣貨が見られる（9-4, 13-1, 13-3, 13-4）。エフタルはバクトリアだけでなくソグディアナからセミレチエにかけて広大な地域を支配下においたが（吉田 2011参照）、バクトリア以北の地域では独自のコインが発行されたかも含めて詳細はほとんどわかっていない。なお、西ソグディアナではガトファルの銅貨と言われるものも知られている（16-11）。

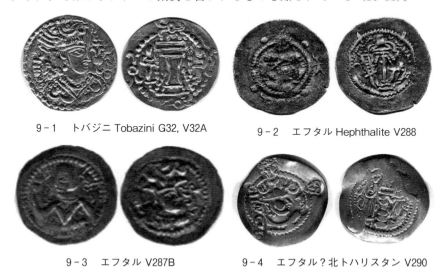

9-1　トバジニ Tobazini G32, V32A　　9-2　エフタル Hephthalite V288

9-3　エフタル V287B　　9-4　エフタル？北トハリスタン V290

ササン朝銀貨（およびその模倣貨）の流通はその後西突厥の支配下にわたり続き、特にフスラウ2世（Khusrau II; 位591〜628）の銀貨には多様な追刻を押されたものが見られる（10-1,2, 津村 2022）。追刻には動物、タムガやソグド文字が見られるが、それらは地方勢力がコインを価値や流通を保証したり、独自に発行したコインの印としたりしていると想像されるが、多くの場合刻印者や地域性など詳細については未解明である（Brykina 1999）。

10-1　ホラサン　01588

10-2　シムルグとprnの追刻

　ネーザクフンは、表には牛の王冠を被った王の肖像と裏面には拝火壇が見られる典型的なタイプとその派生タイプを大量に発行した（11-1,2）。また、小頭で冠を被らないアルハンの特徴を備えた移行型も発行されている（11-3,4）。
　西突厥は6世紀中頃にエフタルを滅ぼし、中央アジアを広く支配した。西突厥の支配地域ではネーザクフンのコインを踏襲したものの他、ササン朝コインを踏襲したものなど地域ごとに様々なタイプのコインが発行されつづけた（11-5〜14）。なお、ここではVondrovecの分類に従い、8世紀ザーブルとカピシーからガンダーラにかけて支配したハラジュ突厥のコインも記載するが、正確な分類や発行者の同定には今後の研究が待たれる。また、別章で紹介するチャーチ、フェルガナなどのコインも西突厥支配下で発行されたものも多く存在するが、それぞれの地域のスタイルのコインが発行されている。西突厥は支

配地の領主にイルテベル Iltäbär という称号を与えたが、その称号をもつ貨幣はカブリスタン（11-13）以外にもチャーチ、ウスルーシャナなどで見られる（吉田 2018、2022b）。

11-1　ネーザク Nezak V222　　　　　11-2　ネーザク

11-3　西突厥 SriSahi V236　　　　　11-4　アルハン・ネーザク V231

11-5　西突厥セロ V243　　　　　　11-6　西突厥 BactrianYabghus V255

11-7　西突厥 Bactrian Yabghu V265　　11-8　西突厥 V270B

古代から中世のシルクロードのコイン

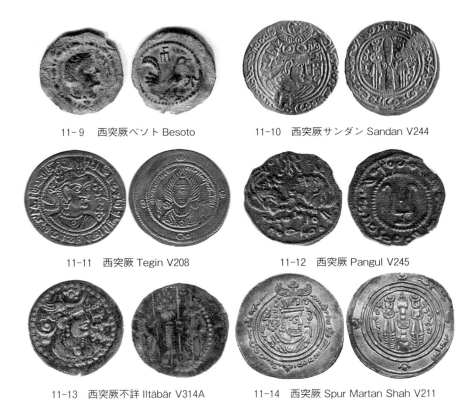

11-9　西突厥ベソト Besoto　　　　　11-10　西突厥サンダン Sandan V244

11-11　西突厥 Tegin V208　　　　　11-12　西突厥 Pangul V245

11-13　西突厥不詳 Iltäbär V314A　　 11-14　西突厥 Spur Martan Shah V211

　以上紹介してきたフン関連およびフン周辺のコインは主にササン朝コインと同等の大きさのものである。それ以外に小型の銅貨が発行されている。特に、一連の小型銅貨が特にガンダーラの Kashimir Smast などで多数見つかっている（12-1〜9；例えば Ziad 2006, Vondrovec 2014）。これらは低額の地域貨幣として流通していたと考えられる。インドグリークのメナンダーからクシャン朝、キダーラ、クシャノササンなどそしてヒンドゥシャーヒーまでの小型の模倣貨や独自のコインが知られていることから、1000年にわたり小銅貨が発行され続けた可能性がある。

23

シルクロードのコイン 1

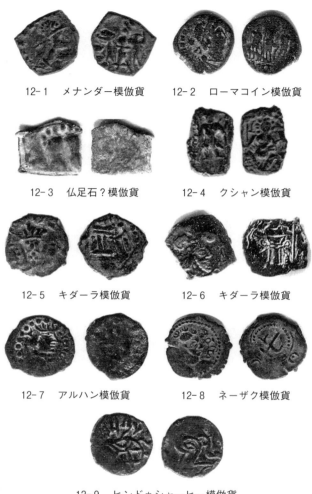

12-1　メナンダー模倣貨　　12-2　ローマコイン模倣貨

12-3　仏足石？模倣貨　　12-4　クシャン模倣貨

12-5　キダーラ模倣貨　　12-6　キダーラ模倣貨

12-7　アルハン模倣貨　　12-8　ネーザク模倣貨

12-9　ヒンドゥシャーヒー模倣貨

3-7 北トハリスタン Northern Tokharistan

5世紀にエフタルが支配するこの地域では大量のササン朝銀貨が流入するとともに、その模倣貨幣が発行された。特にコバディアン Kobadien やチャガニアン Chaganiyan などでは、6-8世紀頃にペーローズ1世とフスラウ1世（KhusrauI; 位531〜579）の模倣貨が見られる。それらのコインにはバクトリア文字銘の他、いくつかの特徴的な追刻が見られる（13-1, 2, Göbl 1967, Kuznetsov（Кузнецов）1994）。そのほか正確な地域は特定されていないが、多様な文字やタムガなどが追刻されていたものが知られている（13-3, 4）。

一方、銅貨については多様なコインが発行された（13-5〜13）。チャーチのカバルナと酷似したタムガを持つもの（13-5）は、西突厥の支配下でチャーチと北トハリスタンとの間で何等かの影響があったのではないかと想像されている（Naymark 2019）。また、S字状タムガを持つもの、テルメズのタムガを持つもの、トハリスタンのタムガを持つものやカナホ銘を持つもの（吉田2022a）などが知られているが、多くの場合発行者はわかっていない（13-6〜10）。また、バフシ Vakhsh などでは穴銭も数種類発行された（13-11〜13）。その中にはバクトリア文字銘やネストリウス派の十字架をもつものもある（13-13）。これらは穴銭としてはシルクロードで最も南西に位置し、流入量の多い開元通寶以降に発行されたものではないかと想像されている。また、13-11のタムガはフェルガナのタムガを彷彿させる（21-1参照）。

13-1　ペーローズ1世模倣貨（コバディアン）と追刻

シルクロードのコイン 1

13-2　フスラウ1世模倣貨（チャガニアン）と追刻

13-3　ペーローズ1世模倣貨と追刻

13-4　ペーローズ1世模倣貨と追刻

13-5　発行者不詳　　　　　　　13-6　発行者不詳

13-7　カナホ（kanauo 吉田）　　13-8　発行者不詳（チャガニアン）

古代から中世のシルクロードのコイン

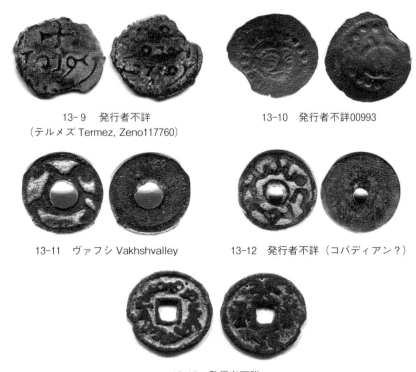

13-9　発行者不詳
（テルメズ Termez, Zeno117760）

13-10　発行者不詳00993

13-11　ヴァフシ Vakhshvalley

13-12　発行者不詳（コバディアン？）

13-13　発行者不詳

3-8　ホラズム Khwarazm

　ホラズムはソグディアナの比較的近くではあったが、中国銭の影響を受けなかった地域であり、コインの導入からずっと西方式のコインが発行され続けた（Vainberg（Вайнберг）1977, Fedrov 2005）。まず、紀元前2世紀頃にはユークラティディスのテトラドラクマの模倣銀貨が発行された（14-1）。その後は長い間王の肖像および裏面に騎馬の描かれた大型の西方式銀貨が発行された（14-2, 6, 8）。8世紀以降のアラブ支配下でもアラビア語銘の追刻が見られるものなど（14-9）、そのスタイルを踏襲したコインが発行され続けた。銅貨では小型のものから大型のものまで発行された。2世紀頃にはクシャン朝の銅貨にSのタムガが追刻されたものが流通し、この地域にまでクシャン朝の影響

27

シルクロードのコイン 1

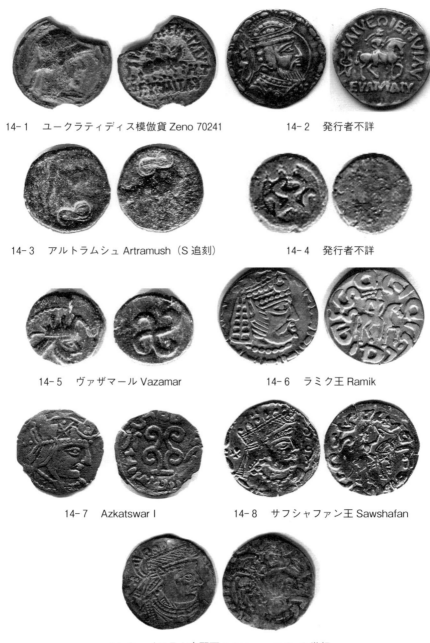

14-1　ユークラティディス模倣貨 Zeno 70241　　　14-2　発行者不詳

14-3　アルトラムシュ Artramush（S 追刻）　　　14-4　発行者不詳

14-5　ヴァザマール Vazamar　　　14-6　ラミク王 Ramik

14-7　Azkatswar I　　　14-8　サフシャファン王 Sawshafan

14-9　イスラム支配下 Azkatswar II 8-9世紀

があったことがわかる（14-3）。その後、ホラズムでは多様な独自の小型の銅貨が発行されたが、いくつかの種類のタムガが見られる（14-4, 5）。6-8世紀頃には銀貨と同等の大型の銅貨も発行された（14-7）。

3-9　南ソグディアナ Southern Sogdiana

　紀元前2世紀頃から2世紀頃にかけてアレキサンダー大王の模倣貨やゼウスの座像をもつコインなどのギリシア式の銀貨が発行された（15-1〜3）。アレクサンドリアの中で最も遠方に位置するアレクサンドリア・エスハテはフェルガナ（現代のホジェンド付近）に比定されているので、アレキサンダー大王の模倣貨が南ソグドで多く出土する理由は不明である。4世紀頃にはライオンと戦う王を描いた銅貨が発行された（15-4）。その後、ナハシェブ Nakhsheb など南ソグディアナでは馬の図柄をもつ銅貨など様々なコインが知られている（15-5〜11）。キッシュ Kesh（史国）のアフルパット Akhurpat の銅貨の肖像はササン朝コインを踏襲しているが、方孔銭を模倣したものも見られ（15-8）、この地域のコインのダイナミックな変化を見て取れる。また、ワイングラス型のタムガを持つ貨幣も知られているが（15-9, 10, Hirano 2007）、15-9の銘はフェルガナ文字だと指摘されている（Fedrov 2013）。ワイングラス型のタム

15-1　アレキサンダー大王模倣貨

15-2　発行者不詳

15-3　フセイガハリス
Phseigacharis（大月氏？）

15-4　発行者不詳

シルクロードのコイン 1

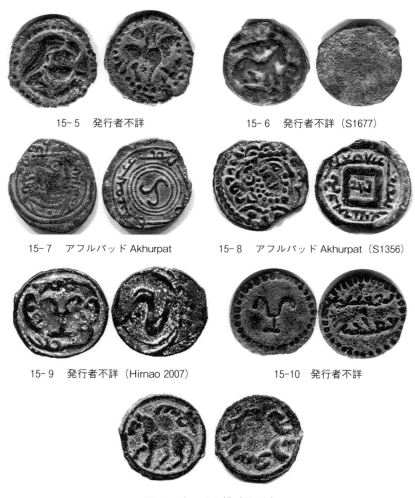

15-5　発行者不詳　　　　　　15-6　発行者不詳（S1677）

15-7　アフルパッド Akhurpat　　15-8　アフルパッド Akhurpat（S1356）

15-9　発行者不詳（Hirnao 2007）　15-10　発行者不詳

15-11　ウマイヤ朝（S1667）

ガは西突厥のタムガとの関連性を思わせる（例えば11-7, 11-12と比較）。また、アラブ侵攻後も独自コインの発行が見られる（15-11、ウマイヤ朝、アラビア文字銘 Muhammad rasul Allah）。

3-10　西ソグディアナ Western Sogdiana

　西ソグディアナでは、紀元前2世紀頃からバクトリアのユーティデモス1世（Euthydemos I; 位 BC225頃～BC200頃）のテトラドラクマの模倣貨が発行された。最初はギリシア語銘であったが、重量が8～12g程度の軽いものが発行された（16-1）。途中から銘がアラム文字になり（16-2）、大月氏の支配下では肖像などの造形が大きく変容している（16-3）。また、ヒルコッド Hirkod/Hyrcodes と呼ばれる小型の銀貨も発行された（16-4,5）。4世紀頃にはマヴァック Mavak 王やアスバー Asbar 王などが西方式のコインを発行したが、裏には拝火壇が見られる（16-6,7）。その後、様々な西方式コインが発行されたが（16-8～14）、特に、表に王の肖像、裏にタムガをもつ凹状の銅貨も何種類も知られている（16-9）。フタコブラクダをモチーフとしてものもこの地域の貨幣に特徴的である（16-12）。また、エフタルのガトファル Gathfar のコインと言われるものも存在するが、地方貨幣なのかその発行枚数はかなり少なかったようである（16-11）。

　西方式コイン以外にも開元通寳などの方孔銭が発行された（16-15～19）。ブハラの開元通寳の裏面にはブハラのタムガが見られる。ブハラの開元通寳はサマルカンドの開元通寳よりも多く出土するため、発行枚数もかなり多かったのではないかと推測される。ラムチタック Ramchitak とザタック Zatak のコインは、孔の部分もタムガの一部になっている。パイケンド Paikend の方孔銭はソグド文字やタムガなどを四方に配した特徴的なものである（16-18,19）。また、この地域のコインの一部にはキリスト教の影響が見られ、パイケント Paikend やヴァルダンジ Vardanzi のコインにはネストリウス派の十字が見られる（16-13,18,19）。アラブ侵攻以降のパイケンドでは、人のような特徴的なタムガをもったコインが発行された（16-14）。

　ブハラホダード Bukharkhudat（ブハラの支配者）は、バフラム5世の模倣銀貨を発行した（16-20,21）。5～6世紀頃の初期のものにはブハラのタムガが追刻されているものもあるが（16-20）、次第に変容していった。このタイプの銀貨はアッバース朝の支配下でも続き、ムハンマド Muhammad、カリッド

シルクロードのコイン 1

16-1　ユーティディモス Euthydemos 模倣貨　　16-2　ユーティディモス模倣貨

16-3　ユーティディモス模倣貨（大月氏）　　16-4　ヒルコッド Hyrcodes

16-5　ヒルコッド Hyrcodes　　16-6　マヴァック王 Mawak

16-7　アスバー王 Asbar　　16-8　発行者不詳

16-9　発行者不詳　　16-10　発行者不詳

古代から中世のシルクロードのコイン

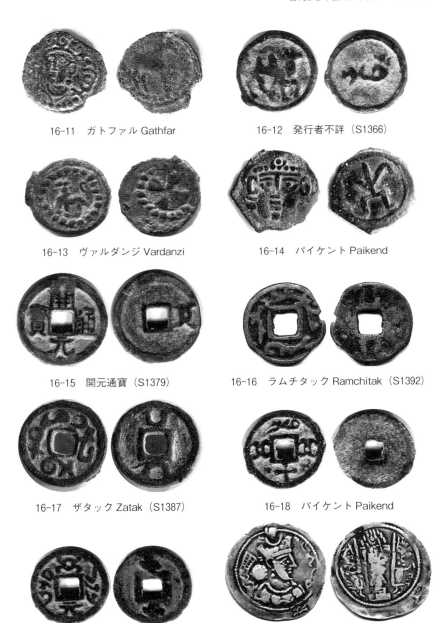

16-11　ガトファル Gathfar

16-12　発行者不詳（S1366）

16-13　ヴァルダンジ Vardanzi

16-14　パイケント Paikend

16-15　開元通寳（S1379）

16-16　ラムチタック Ramchitak（S1392）

16-17　ザタック Zatak（S1387）

16-18　パイケント Paikend

16-19　パイケント Paikend

16-20　バフラム5世 Varhran V 模倣貨

33

シルクロードのコイン 1

16-21　ブハラフダト Bukhar Khudat　　16-22　ハルンアッラシード Harun al-Rashid

16-23　アルアミン al-Amin　　16-24　発行者不詳

Abi Daud Khalid、アルマハディ al-Mahdi などの他にハルン・アッラシード Harunar-Rashid 銘（16-22）のもの知られているが、後期の無名のものでは銀質は低下し（16-24）、銅貨も存在する。

3-11　東ソグディアナ Eastern Sogdiana

　東ソグディアナでは、紀元2世年頃からユークラティデス1世（位171-145BC頃）の小型模倣貨（オボル）も発行されたが、その後数世紀にわたり2系統のギリシア式の銀貨が発行された。1つはアンチオコス Antiochus の模倣銀貨で王の肖像と馬の頭のモチーフが見られるが、時代とともにかなり変容していく（17-1〜3）。もう1つは弓をもつ射手のシリーズで、次第に薄く小型のものになっていく（17-4〜7）。なお、この射手タイプの4世紀頃の小型のものにはkydr 銘をもつものがあり、発行者はキダーラであると比定されている（17-6）。

　サマルカンド Samarkand（康国）はこの地域最大のオアシス都市である。そのコインには特徴的なタムガが見られるが、それは4世紀のトハリスタンのキオニタエ Chionite（アルハン Alkhan）に由来するものではないかと指摘されている（8-1, Fedrov 2003a）。また、エフタルなどのコインでも一部同じタ

34

ムガが見られるが（9-1,3）、いずれもその関係性についてはいまだ謎が残る。サマルカンドのタムガは、長い期間一貫して見られ、アラブ支配下でも一部のコインで見られる（17-8〜28）。

　民族移動の動乱が収束した中世初めのサマルカンドでは、まず表に支配者（フブ Khuv）の肖像、裏にサマルカンドのタムガを持つ一連の西方式の銅貨がつくられたと考えられている（17-8〜12、Smirnova 1981の分類番号をSで示す）。これらのコインのうち17-8と17-9は類似性が見られるものの、その他はいくつかのはっきりと異なるタイプに分かれるので、複数の異なる発行者によるものではないかと考えられる。

　その後、唐の勢力拡大によって開元通寶が流入し、サマルカンド独自の開元通寶も発行された（17-13）。サマルカンドの開元通寶の表の文字は精巧であり、中国からの職人が鋳造したのではないかと想像される。開元通寶のサマルカンドのタムガは西方式タイプのコインやその後の歴代王の穴銭のものとは明らか異なることから、発行者や職人が意図的に変えたものか、そもそもサマルカンドとは異なる発行者なのか、その関係性には大きな謎が残る。その後発行された歴代王の方孔銭の表にはソグド文字銘で王の名とイフシッド MLK' のタイトルが見られ、裏にはサマルカンドのタムガと氏族を表すタムガが見られる。歴代の王にはシシュピル Shishpir、ウザーク Wuzurg、ヴァルフマン Varkhu-man、ウックルトチャムク 'wkkwrtc'mwk（Yoshida 2003）、ツカスパダック Tukaspada、マースタン・ウヤーン m'stn'wy'n（Yoshida 2003）、タルフン Tarkhun、グラク Ghurak、トゥルガー Turgar などがいる（17-14〜22）。シシュピルとウザークのコインは、類似しており、その連続性が見て取れる。ヴァルフマン、ウックルトチャムクまでは、サマルカンドのタムガとトリスケリオンのタムガが見られ、同じ一族あるいは王朝であると考えられる（Fedrov 2003a）。ツカスパダック以降は、マースタン・ウヤーン以外はトリスケリオンのタムガからパンチのタムガに似たものにとって代わられ、支配者一族または王朝の交代が起こったことが推測されている。これら歴代の王のコインの中でタルフンとウックルトチャムクは比較的数が多く、トゥルガーやグラクなどがこれに続き、それ以外はかなり数が少なくなる。アフリグ Afrig 銘のコインも

シルクロードのコイン 1

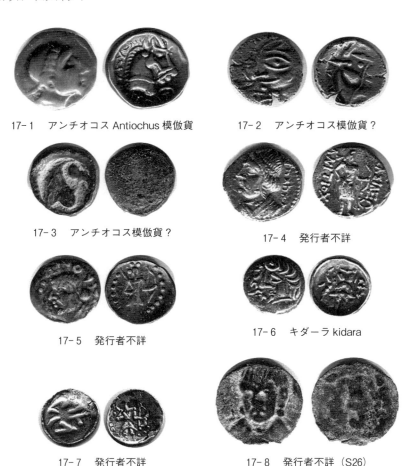

17-1　アンチオコス Antiochus 模倣貨
17-2　アンチオコス模倣貨？
17-3　アンチオコス模倣貨？
17-4　発行者不詳
17-5　発行者不詳
17-6　キダーラ kidara
17-7　発行者不詳
17-8　発行者不詳（S26）

存在するが、パンチのデワスティッチが発行したものであると推測されている（17-23）。東ソグディアナではサマルカンドタムガを持つコインは他にもあり、17-26は近年見つかってきた新しいタイプである。（Hirano 2016）。さらに、サマルカンドのタムガは、イスラム支配下でも一定期間存続していた（17-27 Naymark & Treadwell 2011, 17-28）

また、ブハラホダート型の銀貨も発行されていたようである。ムグ Mug の一括出土で知られているかなり大型のタイプ（通称ムグドラクマ）は、サマル

古代から中世のシルクロードのコイン

17-9　発行者不詳（S1）　　　　17-10　発行者不詳（S26）

17-11　発行者不詳（S33）　　　17-12　発行者不詳 Hirano 2016

17-13　開元通寳（S43）　　　　17-14　シシュピル王 Shishpir（S49）

17-15　ウザーク王 Wuzurg（S78）　17-16　ヴァルフマン王 Varkhuman（S179）

カンドで発行されたものだと推測されている（17-24）。また、トゥルガー銘のものは、後にサマルカンド王となるトゥルガーがカブダン Kabudan の領主の時に発行されたものだと考えられている（17-25）（Fedrov 2003a）。

　現在のペンジケントにあたるパンチ Panch（米国）ではチャムキアン Cha-

37

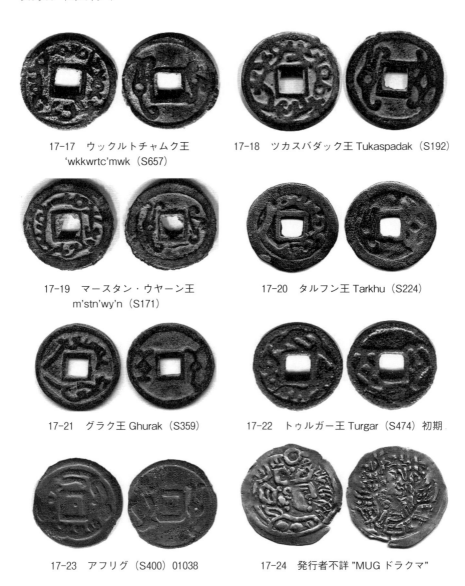

17-17　ウックルトチャムク王 'wkkwrtc'mwk（S657）

17-18　ツカスパダック王 Tukaspadak（S192）

17-19　マースタン・ウヤーン王 m'stn'wy'n（S171）

17-20　タルフン王 Tarkhu（S224）

17-21　グラク王 Ghurak（S359）

17-22　トゥルガー王 Turgar（S474）初期

17-23　アフリグ（S400）01038

17-24　発行者不詳 "MUG ドラクマ"

mukyan（Yoshida 2003）、ピチュット Pycwtt、ビルゲ Bilga、ディワスティッチ Divashtich の4人の支配者がコインを発行している（18-1〜4, Smirnova 1963, 1981, Hirano 2011）。チャムキアンのコインは大型で、パンチと"テルメ

古代から中世のシルクロードのコイン

17-25　トゥルガー Turgar　　　　　　17-26　発行者不詳 Hirano 2016

17-27　発行者不詳 "zeno8"　　　　　17-28　Al-Ash'asb. Iahya.（S1684）

　ズ"の2つのタムガが見られる。なお、ファンサー Fansar で出土するチャムキアン銘のコインは、パンチのチャムキアンと銘の配置が酷似しているが、実際に同一人物であるとされている（18-5, Yoshida 2003）。サマルカンドの属領であったパンチがチャムキアンの時に独立したと推測されている。近年見つかったピチュットのコインは、チャアムキアンと同様の大型のコインである。特記すべきは裏面の有翼の人物像で、バクトリアの影響が強く示唆される（18-2, Hirano 2011）。ピチュットは音の類似性からバクトリアのベスト Besut（Besoto）と同一人物ではないかと推測されている（Sims-Williamas 2008）。一方、ビルゲのコインは比較的小型で、裏面のタムガは裏面全面を占めるなどチャムキアンなどのコインとは特徴が異なる。ディワスティッチ銘のコインはないが、女神ナナ銘のものが彼のコインであるとされている（18-4）。また、アフリグ銘の穴銭模倣貨（17-23, S400）は、グラク王の模倣貨幣とも言われたことがあるが、ディワスティッチが発行したコインと推測されている（Fedrov 2003a）。ペンジケントは古くから発掘調査が行われていたため、スミルノヴァは数多くのコインを記載しているが、一般市場では非常に珍しいことからサマルカンドに比べると発行枚数はかなり少ないものと想像される。

シルクロードのコイン 1

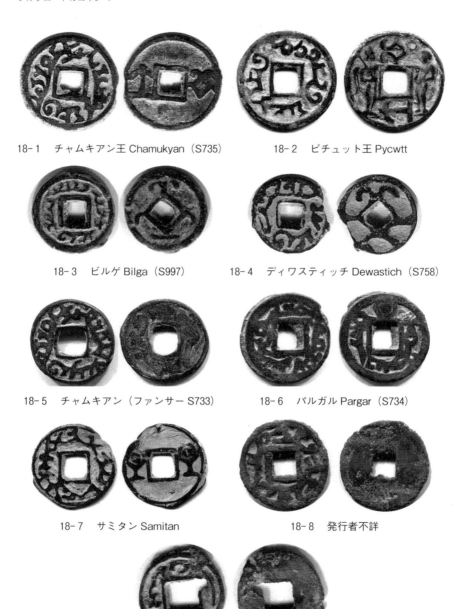

18-1　チャムキアン王 Chamukyan（S735）　　18-2　ピチュット王 Pycwtt

18-3　ビルゲ Bilga（S997）　　18-4　ディワスティッチ Dewastich（S758）

18-5　チャムキアン（ファンサー S733）　　18-6　パルガル Pargar（S734）

18-7　サミタン Samitan　　18-8　発行者不詳

18-9　発行者不詳（S1365）

東ソグディアナでは、その他パルガル Pargar でもサマルカンドのタムガをもつ穴銭が発行されている (18-6)。また、サミタン Samitan では特徴的なタムガをもつ穴銭が発行されているがその位置づけについてはよくわかっていない (18-7, Fedrov 2003a)。その他発行者不詳のコインも報告されている (18-8, 9)。

3-12 ウスルーシャナ Ustrushana

6～7世紀頃のウスルーシャナの典型的なコインは、表には特徴的な冠を被った王の肖像が見られ、裏にはタムガとソグド文字銘が見られる (14-1～4, 6)。ラハンチ2世 Rakhanch II のものには、ネストリウス派の十字が見られる (14-6)。サタチャリ2世 Satachary II のコインでは、肖像の代わりに象が見られる (14-5)。一般的にウスルーシャナのコインは非常に珍しいため、やはり研究は遅れている。少なくとも発行者不詳のコイン (19-3) には、イルテベルのタイトルがあり西突厥支配下にあったことがわかる (吉田 2018)。なお、最近では、冠のないタイプも見つかっている (19-7)。また、19-8は、ウスルーシャナに特徴的な冠を被る王の肖像があるが、裏面のタムガがこれまで知られていないものであり、支配者の交代や、別の地域のものである可能性もある (Hirano 2020)。

19-1　チルドゥミス Chirdmish (S1419)

19-2　サタチャリ Satachary, zeno 63105

シルクロードのコイン 1

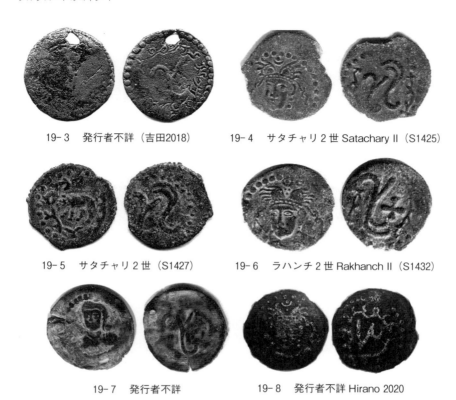

19-3　発行者不詳（吉田2018）　　19-4　サタチャリ2世 Satachary II（S1425）

19-5　サタチャリ2世（S1427）　　19-6　ラハンチ2世 Rakhanch II（S1432）

19-7　発行者不詳　　　　　　　　19-8　発行者不詳 Hirano 2020

3-13　チャーチ Chach（石国）とオトラル Otrar

　チャーチでは4世紀頃から西方式コインが発行された。最初のタイプでは表に王の肖像、裏にタムガとソグド文字銘がある。その中でも初期から中期のものはかなり精巧であるが（20-1, 2）、時代を経るにしたがい稚拙なものに変容していく（20-3）。これらのタムガはホラズムのタムガを彷彿させる。6世紀頃からは、表に王の肖像など、裏にタムガとソグド文字銘をもつものなど多数発行された（20-4〜14）。それらはタムガによって8種類の系列に分かれている（Shagalov & Kuznetsov 2006）。中にはビザンチンのコインの影響を受けたものもある（20-4, 5）。また、少数の穴銭タイプも報告されているが、出土枚数が少ないため、その発行者などについてはわかっていない（20-15, 16）。

古代から中世のシルクロードのコイン

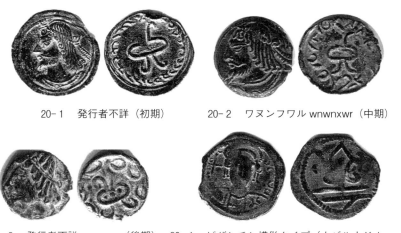

20-1　発行者不詳（初期）　　　20-2　ワヌンフワル wnwnxwr（中期）

20-3　発行者不詳 wnwnxwr（後期）　20-4　ビザンチン模倣タイプ（カバルナ Kabarna）

20-5　発行者不詳（カバルナ Kabarna）　20-6　発行者不詳（カバルナ）

オトラルでは、表に雪ヒョウの図柄をもつ2種類の銅貨が知られている（20-17, 18）。1つには、裏面に細かい銘が見られる。もう1つにはセミレチエの弓のタムガを見られ、セミレチエの影響があったことがうかがわれる。また、南カザフでは騎馬のコインが出土している。20-19は、最近オトラル・シムケント付近で出土したといわれている銅貨で、表には王の肖像、裏にはタムガとソグド文字銘が見られる（Hirano 2020）。20-20は、開元通寶の変種で、裏にソグド文字銘がある。南カザフ出土だと伝えられているが、発行地を含めその真相は不明である（Hirano 2020）。20-21は、タムガがチャーチの初期銅貨と同じであるが、表の肖像が異なることや銀貨であることが異なる（Hirano 2020）。また、チャーチ〜セミレチエでは General Ir Chor Irti（?）という銘をもつ不

シルクロードのコイン 1

20-7　発行者不詳（カバルナ Kabarna）　　　20-8　Farankat/Benakan

20-9　Farankat/Benakan　　　20-10　タルナビッチ Tarnavch（S1499）

20-11　サタチャリ Satachari（S1561）　　　20-12　不詳カンカ Kanka（吉田2018）

20-13　カンカ Kanka（吉田2018）　　　20-14　タルドゥカガン TarduQaghan

20-15　ナンチュ・エルテギン
Nanchu Er Tegin　　　20-16　発行者不詳 Farankat/Benakan

古代から中世のシルクロードのコイン

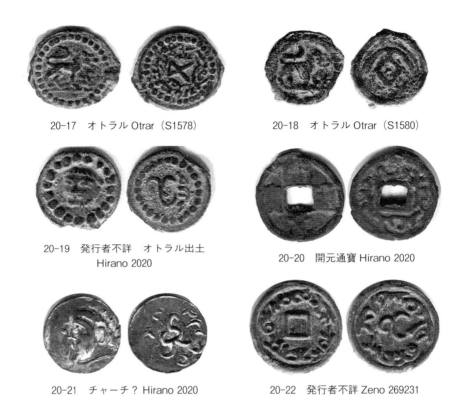

20-17　オトラル Otrar（S1578）　　　20-18　オトラル Otrar（S1580）

20-19　発行者不詳　オトラル出土
Hirano 2020

20-20　開元通寶 Hirano 2020

20-21　チャーチ？ Hirano 2020

20-22　発行者不詳 Zeno 269231

詳の方孔銭タイプも報告されている（20-22, Zeuo 269231）。

3-14　フェルガナ Ferghana（大宛）/ 東ソグディアナ East Sogdiana

　7－8世紀頃のフェルガナ（または東ソグディアナ）では、中国式穴銭と西方式コインの両方が見られる（21-1～6）。典型的なフェルガナの方孔銭はかなり大型であり、特徴的なタムガと銘が2か所に向かい合わせに配置されている（21-1）。この地域では早くから五銖銭の流入があり（ルトヴェラーゼ 2003）、このタイプは開元通寶というよりは五銖銭の影響を受けている可能性がある。またルーン文字由来と思われる異なるタムガをもつものもいくつか知られている（21-2, Kamyshev 2002）。以上のタイプは非常に出土数が少ない。一方で、別のタムガをもつ小型の方孔銭（21-3）は比較的多く知られているが、上記

45

シルクロードのコイン 1

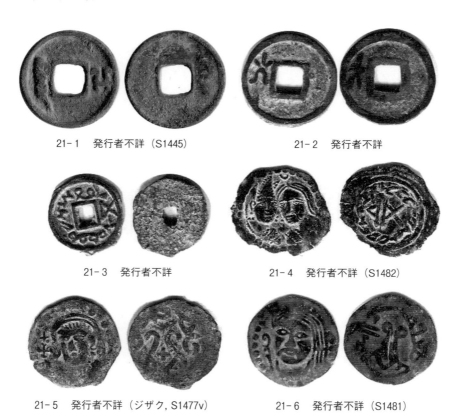

21-1　発行者不詳（S1445）　　　21-2　発行者不詳

21-3　発行者不詳　　　21-4　発行者不詳（S1482）

21-5　発行者不詳（ジザク, S1477v）　　　21-6　発行者不詳（S1481）

の大型方孔銭とは特徴が大きく異なるため、発行年代などが異なると想像される。

　西方式コインについては、表に肖像、裏にタムガと銘が見られるものが知られている。ビザンチンの影響を受けた王と女王の肖像を持つタイプ（21-4）は、小型の穴銭と類似のタムガを持つが、東ソグディアナのサミタンでも出土が知られており、フェルガナかどうかは確定していない。また、別の王の肖像をもつタイプ（21-5）についてはジザクともいわれている。(Fedrov 2003b)。

3-15　セミレチエ Semirech'e

　新疆に隣接するこの地域は、西突厥 Western Turk、トゥルギシュ（突騎施）Turgesh、カルルク Qarluq などにより支配された地域であり、7〜10世

46

紀頃に中国銭タイプのコインが大量に発行された。セミレチエのコインの分類については、カミシェフの文献を参照されたい（Kamyshev 2002; この分類番号をKで表記する）。

　この地域では中国銭タイプ以外のコインは1種類のみで、表に王の肖像、裏には特有のタムガが見られる（22-1）。サマルカンドのコイン（17-9）との類似性が見られるが、その関係性はわかっていない。このタイプは開元通寶流入前の貨幣だと想像されるが、7世紀後半や8世紀という説もあり、出土も少なく年代については証明には至っていない。

　中国銭に関連した穴銭については、まず開元通寶とその模倣貨（22-2〜4）が知られている。中国鋳造品の流入もあるが、当地で発行されたものの多くは丸穴である。その派生の幅も大きく、両面で分厚いものや大きな丸穴で文字が劣化して判別が難しくなったものなどがある。さらに劣位の開元通寶から派生した可能性のある、貨幣にも見えないような多様な穴銭（?）が発行された（22-5,6）。また、新疆の大暦元寶、建中通寶などの簡略貨幣（いわゆる大字銭、中字銭）が出土している（22-7,8）。

　この地域独自のコインでは、トゥルギシュ関連のコインが大量に発行されている（22-9〜15）。最も多く出土が見られる穴銭が最盛期のスールク Suluk（蘇禄）のものだと考えられており、そのタムガは突厥ルーン文字の「ät」を表す文字である（Smirnova 1981）とも、弓を表しているとも言われている（22-9）。ワフシュタヴァ Wakhshutav やアルプタシュ Alp-tash のコインには「元」という漢字が見られる（22-10, 12）。なお、ワフシュタヴァの元をもつコインは、Smirnova（1981）では1枚しか写真の掲載がないが、その後かなりの数が出土しているようである（例えば Hirano 2022）。

　トゥルギシュの後は、ワナントマーフ Wanantmāx（吉田 2018参照）、カルルク、アルスラーン Arslanid、ウイグルのヤグラカル Yaghlaqar など様々な勢力が、それぞれのコインを発行した（22-19〜26）。ワナントマーフのコインは、比較的小型であり、スールクのコインとはタムガも全く異なる。カルルクのコインは2010年に初めて報告されたが（Lurje（Лурье）2010）、近年かなりの量が出土したようである。アルスランのコインは、裏面に"山"型タムガが

シルクロードのコイン 1

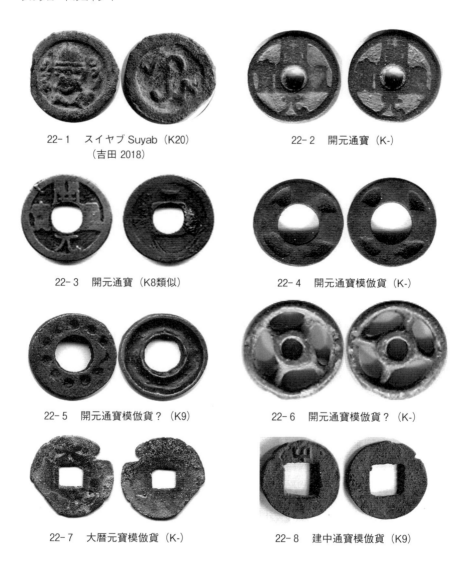

22-1 スイヤブ Suyab（K20）
（吉田 2018）

22-2 開元通寶（K-）

22-3 開元通寶（K8類似）

22-4 開元通寶模倣貨（K-）

22-5 開元通寶模倣貨？（K9）

22-6 開元通寶模倣貨？（K-）

22-7 大暦元寶模倣貨（K-）

22-8 建中通寶模倣貨（K9）

見られる。東ウイグルのヤグラカルのコインも近年になって知られるようになったコインである（22-19, 20）。なお、アラビア文字を四方に配したカラハン朝初期と考えられていた穴銭は、最近西遼（カラキダイ）のコインだということが判明した（22-27, V.Belyaev, V.Nastich, S.Sidorovich 2023）。

48

古代から中世のシルクロードのコイン

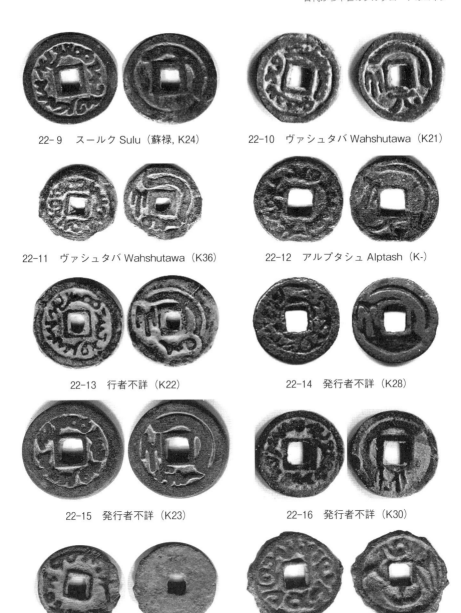

22-9　スールク Sulu（蘇禄, K24）　　22-10　ヴァシュタバ Wahshutawa（K21）

22-11　ヴァシュタバ Wahshutawa（K36）　　22-12　アルプタシュ Alptash（K-）

22-13　行者不詳（K22）　　22-14　発行者不詳（K28）

22-15　発行者不詳（K23）　　22-16　発行者不詳（K30）

22-17　発行者不詳（K30）　　22-18　インナルテギン Inal-tegin（K34）

シルクロードのコイン 1

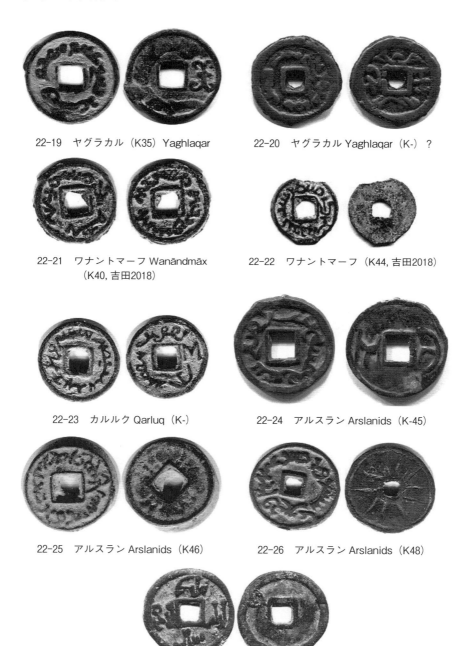

22-19　ヤグラカル（K35）Yaghlaqar

22-20　ヤグラカル Yaghlaqar（K-）？

22-21　ワナントマーフ Wanāndmāx（K40, 吉田2018）

22-22　ワナントマーフ（K44, 吉田2018）

22-23　カルルク Qarluq（K-）

22-24　アルスラン Arslanids（K-45）

22-25　アルスラン Arslanids（K46）

22-26　アルスラン Arslanids（K48）

22-27　西遼（カラキダイ）（K49）

3-16　新疆のオアシス都市

　タクラマカン砂漠ではオアシス都市ごとに特徴的なコインが知られているが、発行も限定的でそのタイプは多くはない。ホータン Khotan（于闐）ではクシャン朝の銅貨の影響を受けたと考えられている通称「馬銭」が発行された（23-1,2,3）。オーレル・スタインの探検の頃から二十四鉢や六鉢銭が知られているが、二十四鉢はクシャン朝の銅貨と同じような大きさである。馬銭は表にはカロシュティ文字、裏には二十四鉢や六鉢銭と漢字で書かれており、東西の影響が見られる（Cribb 1984, 1985）。近年カシュガルで非常に大きな一括出土があったようである。また、最近では馬銭の五鉢銭も知られている（23-3, Cribb et al. 2020）。4世紀頃の亀茲国クッチャ Kuccha では独自の五鉢銭（23-4）や無紋の小銅銭が知られている（23-5）。また、唐の支配のもとクッチャでは766〜779年に大暦元寶、780〜783年に建中通寶が発行されている（23-6,7）。629年に玄奘が訪れたことで知られる高昌国では高昌吉利銭が発行された（23-8,9）。高昌吉利銭は非常に分厚く、かなり大型のコインである。発行者は麴文泰（位624〜640）だと考えられている（東野 1995）。高昌吉利銭には、銅貨の他に銀貨と金箔張りの3種類が報告されている（王素 2015）。非常に立派な貨幣のため記念貨幣や埋葬銭として発行されたとも想像されているが、現存する銅貨の数は数百枚とそれなりの発行枚数が推測されるためある程度の流通もあったと考えられる。他のオアシス都市ではコインの発行は知られていない。

　一方、シルクロードを経てササン朝やビザンチン（模倣貨）などのコインが新疆から中国本土にかけて流入した（23-10）（Skaff 1998, 津村・山内 2003など）。また、近隣のトゥルギッシュのコインなども流入している。なお、10世紀頃には西ウイグル（天山ウイグル）が発行したコインが知られている。1つは Boquq 銘をもつ比較的大型の穴銭で（23-11、吉田 2018）、もう一つはそれよりも小型のものである（23-12）。

シルクロードのコイン 1

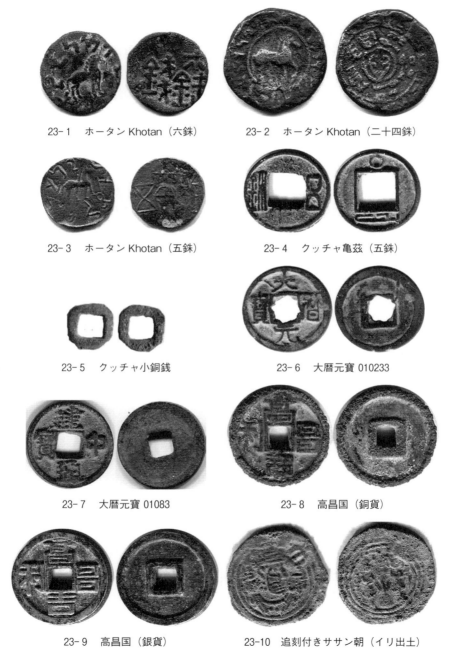

23-1　ホータン Khotan（六銖）　　23-2　ホータン Khotan（二十四銖）

23-3　ホータン Khotan（五銖）　　23-4　クッチャ亀茲（五銖）

23-5　クッチャ小銅銭　　23-6　大暦元寶 010233

23-7　大暦元寶 01083　　23-8　高昌国（銅貨）

23-9　高昌国（銀貨）　　23-10　追刻付きササン朝（イリ出土）

23-11　西ウイグル Western Uyghurs （吉田2018）　　　23-12　西ウイグル

3-17　不詳のコイン

　シルクロード諸地域では現在でも新しいタイプのコインが発見されてくるが、それらの多くは出土地などがわからないため、発行地や発行者の解明は容易ではない（例えば Hirano 2007b, 2011, 2016, 2020）。24-1は、Zeno のデータベースにウラル南部で出土したという記述があるが（Zeno #135903）、中国銭の影響を考える上ではかなり西であり、真相は不明である。24-2はセミレチエのトゥルギシュ（突騎施）銭のスタイルとの類似性があるが詳細についてはいまだ不明である。このコインについて、Babayarov は Qut-Čor という突厥の称号を読み取った（Babayarov 2013）。24-3はしばらく前に報告されたタイプであるが（Wang 2004）、未だに発行者は不明のままである。24-4は、表に王の肖像、裏にソグド文字銘が見られる全く新しい銅貨である（Hirano 2016）。24-5は、出土地は不明であるが、私はトハリスタンではないかと想像している。24-6は、表に王の肖像、裏にはタムガとソグド文字銘をもつ薄い銅貨で、西突厥時代のものではないかと考えられる。これら未解明のコインについては、今後のさらなる出土や研究が待ち望まれる。

謝辞

　本稿の機会をあたえていただいた帝京大学文化財研究所山内和也教授ならびに吉田豊教授に感謝いたします。また、本稿について吉田教授のご指導をいただきました。

シルクロードのコイン 1

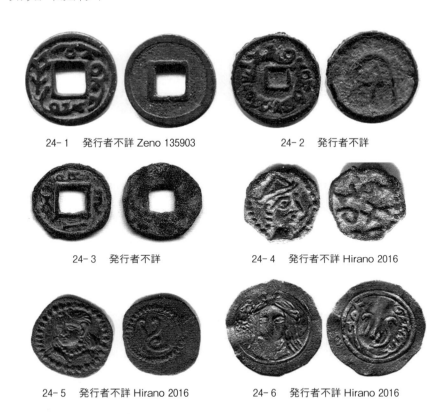

24-1　発行者不詳 Zeno 135903　　24-2　発行者不詳

24-3　発行者不詳　　　　　　　　24-4　発行者不詳 Hirano 2016

24-5　発行者不詳 Hirano 2016　　24-6　発行者不詳 Hirano 2016

文献等

ルトヴェラーゼ　2003　Ay Khanum 2003アイハヌム　加藤九祚一人雑誌 p103-114　東海大学出版会
エドヴァルド・ルトヴェラゼ2011、考古学が語るシルクロード史（加藤九祚訳）、平凡社
津村眞輝子　2022　サーサーン式銀貨にみられる後刻印　シルクロード学研究会2022冬資料集 p54-60　帝京大学文化財研究所
津村眞輝子・山内和也（編）　2003「新疆出土のサーサーン式銀貨」シルクロード学研究19.
東野治之　1995、貨幣の日本史（朝日選書）
平野伸二　2003、古代インドの打刻印貨幣と土着の貨幣、収集 3 月号, P10-17
平野伸二　2004、古代から中世のシルクロードの貨幣、収集 7 月号, P42-50
宮本亮一　2022、アフガニスタン周辺のコイン、シルクロード学術研究会2022冬　p38-53、帝京大学文化財研究所
王素　2015、關於"高昌吉利"錢的幾個問題,吐魯番學研究：古代錢幣與絲綢高峰論壇暨第四屆吐魯番學國際學術研討會論文集、上海古籍出版社，2015年 3 月，第18～24頁 https://mp.weixin.qq.com/s/W8fRAgBrl85lMogzBHQ1UQ
吉田豊、2018、貨幣の銘文に反映されたチュルク族によるソグド支配、京都大學文學部研究紀要

57:155-182

吉田豊　2022a、ソグドのコイン、シルクロード学研究会2022冬　p18-32、帝京大学文化財研究所

吉田豊　2022b、ファヤズテパ壁画に添えられたバクトリア語銘文の書体による年代判定および関連する問題について、「ウズベキスタン南部ファヤズテパ遺跡出土初期仏教壁画の保存修復と研究 2」（影山悦子、石松日奈子、吉田豊）、名古屋大学人文学研究科／名古屋大学高等研究院

Alram, M. 2016, Das Antlitz des Fremden, The Austrian Academy of Sciences Press, Vienna.

Babayarov, G. 2007, Köktürk Kağanlığı sikkeleri Katalogu-The Catalogue of coins of Turkic Qaghanate. TİKA Yayınları, Ankara

Babayarov, G. & A. Kubatin, 2013, New coins of the Pre-Islamic Semirech'e with the Old Turkic title "Qut-Čor". groups.yahoo.com/group/Sogdian-L.（fromAcademiaEdu.）

Bopearachchi, O & W. Pieper, 1998, Ancient Indian Coins, Brepols, Turnhout.

Belyaev V., Nastich, V., Sidorovich, S. 2023 Apropos of so-called 'proto-Qarakhanid' coins, Bulletin of the Research Institute of Cultural Properties, Teikyo University

Brykina, M.G, 1999, Srednjaja Azija v rannemsrednevekov'e, http://www.kroraina.com/ca/index. html.

Cribb, J. 1984, The Sino-Kharosthi coins of Khotan: Their attribution and relevance to Kushan chronolgy,（Part 1）. NC, 128-152.

Cribb, J. 1985, The Sino-Kharosthi coins of Khotan: Their attribution and relevance to Kushan chronology,（Part 2）. NC, 138-149.

Cribb, J., Ti, Z., Mitsuda, N., Liu, C., 2020, Sino-Kharoshthi coins of Kucha: a new discovery. JONS 239, 14.

Curiel, R. & Schlumberger, D.（1953）, Trésors monétaires d'Afghanistan（MDAFAXIV）. Paris.

Fedrov, M., 2003a, Money circulation in early-mediaeval Sogd（6th-early8thcentury）, ONS Newsletter175sup. pp1-26.

Fedrov, M., 2003b, Money circulation in early-mediaeval Ustrushana, Farghana and Tokharistan（6th-first half of 8th century AD）, ONS Newsletter 177. Pp6-15.

Fedrov, M., 2005, Money circulation of Khwarezm in the ancient period., ONS Newsletter 182. pp13-23.

Fedrov, M., 2013, On some coins published by Dr Shinji Hirano, ONS Newsletter 214, 14 pp1-26.

Göbl, R. 1967, Dokumente zur Geschichte der iranischen Hunnen in Baktrien und Indien, 4vols., Wiesbaden,

GoblR. 1984, System und Chronologie der Münzprägung des Kušānreiches. Wien.

Gupta, P.L. 1968, Coins. National Book Trust, New Delhi.

Hardaker. T. 2019, Punchmarked Coinage of the Indian Subcontinent, Non-Imperial Series North of the Dccan. IIRNS publication.

Hirano, S., 1999, Two Chaman-i-Hazouri coins recovered. ONS Newsletter, 159, p11

Hirano, S., 1999-2000, Novel types of local punch-marked coins. Numismatic Digest23-24, pp. 1 -6.

Hirano, S., 2007a, The Ghaghara-Gandak River Region C. 600-300BC: Archaic Silver Punchmarked Coinage. IIRNS publication.

Hirano, S., 2007b, 'Some novel pre-Islamic coins', ONS Newsletter, pp. 19-20.

Hirano. S. 2009. Ayodya Hoard-type Punch-marked Coins in the Middle Ganges. Studies in Indian Numismat-icss. Singh. J.P. & Singh. P.N（Ed）. The Numismatic Society of India. Baranas Hindu University. Varanasi

Hirano, S., 2011, 'A new coin in the name of Pycwtt Lord of Panch', Numismatic Chronicle 171, pp. 355-358.

Hirano, S., 2016, 'Some novel pre-Islamic coins', JONS 226, pp. 11-15.

Hirano, S, 2020, Some novel pre-Islamic Sogdhian coins of Central Asia, JONS 241

Hirano, S, 2022, Zeno-20 Festschrift in press.

Jongeward, D. &J. Cribb, 2015, Kushan, Kushano-Sasanian, and Kidarite Coins. American Numismatic Society.

Mitchiner, M. 1973a, The Early Coinage of Central Asia, Hawkins Publications, London.

Mitchiner, M. 1973b, Origins of Indian Coinage, Hawkins Publications, London.

Mitchiner, M.1975-6, Indo-Greek and Indo-Scythian Coinage, Hawkins Publications, London.

Mitchiner, M. 1978, Oriental Coins and Their Values: Ancient and Classical World, 600 B.C.-A.D.650, Hawkins Publications, London.

Mitchiner, M. 2004, Ancient Trade and Early Coinage. 2 Vols. Hawkins Publications, London.

Naymark, A. & Treadwell, L. 2011. An Arab-Sogdian Coin of AH 160: an Ikhshid in Ishtihan? Numismatic Chronicle 171, 359-366.

Naymark, A. 2014, Seleucid Coinage of Samarqand?, JONS 220 15-20.

Naymark, A. 2019, Zeno #221945 コメント, https://www.zeno.ru/showphoto.php?photo=221945

Pieper W. 2021, Ancient Indian Coins, IIRNS publication, Mumbai.

Rajgor, D. 2001, Punch-marked Coins of Early Historic India, Reesha Books International, Mumbai.

Senior, R. 1997, Ancient punchmarked silver Chaman-i-Hazouri type, ONS Newsletter 154, 17.

Senior, R. 2001, Indo-Scythian Coins and History. 3 Vols. CNG, London.

Shagalov, V & A.Kuznetsov. 2006, Catalogue of coins of Chach, Tashkent.

Sharma S. & Hirano, S., A hoard of early local punchmarked coins of Magadha Janapada. Numismatic Digest 31, pp1-16.

Sims-Williams, N., 2008, The Arab-Sasanian and Arab-Hephthalite coinage: a veiw from the East. Chaiers De Studia Iranica 39, 115-130.

Skaff, J.K. 1998, Sasanian and Arab-Sasanian Silver Coins from Turfan: Their Relationship to International Trade and the Local Economy. Asia Major, THIRD SERIES 11, 67-115.

Vondrovec, K. 2014, Coinage of the Iranian Huns and their successors from Bactria to Gandhara（4th to 8th century CE）, Osterreichische Akademie Der Wissenschaften, Wien.

Wang, H. 2004. Money on the Silk Road : the evidence from eastern Central Asia to c. AD 800 :

with a catalogue of the coins collected by Sir Aurel Stein. British Museum Press, London

Yoshida, Y. 2003, On the origin of the Sogdian surname Zhaowu 昭武 and related probolems. J. Asiatique. 291.1-2, 35-67.

Zeno Ru.: https://www.zeno.ru/

Ziad, W. 2006, Unpublished bronzes of the Alchon Hunnic period from Kashmir Smast t. ONS Newsletter 187, pp. 21-32.

Камышев. А.2002, Раннесредневековый монетный комплекс Семиречья, Бишкек.

Кузнецов, А., 1994. Каталог монет Чаганиана V-VIII вв. , Ташкент

Лурье, П.Б. 2010, Карлуки и яглакары в согдийской нумизматике Семиречья.// Древние культуры Евразии. СПб

Смирнова О.И., 1963, Каталог монет с городища Пенджикент / О.И. Смирнова. – М.: Изд-во

Восточной литературы, Москва

Смирнова О.И. 1981 - Сводный каталог согдийских монет., Бронза. Издательство "Наука" Главная редакция восточной литературы. Москва

Вайнберг; Б.И., 1977. Монеты древнего Хорезма Москва

帝京大学文化財研究所チームが
アク・ベシム遺跡で発掘した
コインをめぐって

帝京大学文化財研究所　吉田　　豊

帝京大学文化財研究所　山内和也

はじめに

　執筆者の一人である吉田は帝京大学文化財研究所のメンバーとして、同研究所が、山内をリーダーとして2016年以来行っているアク・ベシム遺跡の考古学的調査に加わっている。吉田自身はソグド語の文献研究が専門であって、出土物に見られるソグド語資料の解読と、それに基づいてこの地にいたソグド人の文化や歴史を解明することを担当している。発掘された文字資料は零細だが、シーズンごとの報告書にそれらの資料についての解説を掲載してきた。それらのなかでは、この遺跡の歴史を研究する上で最も重要な情報を与えるのは出土コインであろう。文化財研究所チームの発掘では、現在までに60点のコインが出土している。このようにこのプロジェクトのなかで吉田が担当する課題の中では、コインの研究は最も重要な意義を持っている。本稿では、帝京大学文化財研究所のチームが発掘したコインについて報告すると共に、関連する問題について論じたい。付録として、故内藤みどり先生が吉田に寄贈され、その後吉田が帝京大学文化財研究所に寄付したコインのリストと、ソグド語文献に見いだされるコインを表す語についての解説を添えた。

1　本稿で扱うコインと文化財研究所のとりくみについて

　出土するコインは大半がさび付いた状態であって、出土物の保存処理は行っても、現状に変更を加えない非破壊の観察では、コインを洗浄することはできないことから、多くの場合銘文や型式を同定することはできない。そのような

状況で筆者たちにできることは、この地域でこれまでに見つかっているコインについての先行研究に基づき、わずかに認められる銘文や、形状、重量などを参考にして、個々のコインを同定することである。それとは別に、アク・ベシム遺跡で出土するコインを、ソグド文化圏、さらにはシルクロードで発行されたコインと比較して、ソグド人やソグド語圏の歴史のなかに位置づけることも重要である。そのためには、文化財研究所の発掘で出土したコインだけでは全く不十分で、アク・ベシム遺跡やその周辺だけでなく、広くソグド語圏やその周辺地域で発行されていた、より多くの種類のコインを見る必要がある。本論文の後半では、ソグド語圏や周辺で発行されたコインに関するテーマを扱う。

　アク・ベシムとその周辺の地域で発見されているコインについては、当然のことながら現地の研究者によって実質的な研究が続けられており、その成果を参考にすることができる。本叢書の第2巻では、それらの先行研究のなかでは、カバーするコインの種類の多さと、歴史的背景の考察において群を抜いているA. Kamyshev 氏の2002年の研究書と、同氏が本書のために寄稿して下さった2点の最新論文の翻訳を収録してある。別に、『帝京大学文化財研究所研究報告』第20集に掲載した論文2点の翻訳も再録した。

1-1　シルクロード古銭研究の現状と課題：参照可能なカタログの欠如

　第2巻で発表する Kamyshev 氏の2002年の研究書の翻訳の有用性を実例で示してみたい。滋賀県の信楽にある MIHO MUSEUM は、2022年9月3日から2022年12月11日まで、「文明をつなぐもの中央アジア」という特別展を開催した。そこではシルクロード時代、つまりイスラーム化以前の中央アジアのコインも展示されている。当然ながらソグドで発行されたコインも含まれている。その数はわずかに4点であるが、全体が52点しかないので、その数の少なさは理解できる。ただ驚いたことに4点のうち2点の同定に誤りがあった。銘文が読めていないことが原因である。

　展示目録の図49［84］（展示目録、185頁）は、「サマルカンドイフシード朝ターフン700-710年頃」と説明されているが、銘文は twrγʼr MLKʼ で、『旧唐書』では咄曷と呼ばれている康国王である。開元27年（739）父の烏勒伽が死

んでサマルカンド王を継承したとある。カタカナ表記では「トゥルガール」と
なるだろうか。MLK' は「帝王」を意味するソグド語「イフシード 'xšyδ」を
表すアラム語の訓読語詞である。その咄葛の唐への朝貢は天宝13載（754）ま
で記録されている。「ターフン」は trxwn の発音を表しているものと思われる
が、中国側の史料では彼の名前は「突昏」と表記されている。カタカナ表記で
は「タルフン」となるであろう。突昏は710年頃、対アラブ戦のさなかに王位
を追われ、代わって烏勒伽が即位した。その烏勒伽のコインは図52［87］にみ
える。説明には「ソグド青銅硬貨フルアーク710-738年頃」とある。銘文
は 'wr'kk MLK' で漢字の音写の「烏勒伽」はソグド語の発音（カタカナ表記
では「ウラク」）に近い。イスラーム史料では何故か Ghūrak と呼んでいる。
ソグド語の発音に照らして見ると、アラビア文字の表記は奇妙だが、語頭の声
門閉鎖音が咽頭の摩擦音のように聞こえたのかもしれない。展示目録の「フル
アーク」は Urak をキリル文字ロシア語表記した Урак の機械翻訳に由来して
いるのかもしれない。

　もう1点比定が誤っているのは図50［85］で、そこの説明は「セミレチエ突
騎施硬貨　ワーシュタワ730年頃」とある。銘文はやや崩れているが βγy
twrkyš x'γ'n pny「神なるテュルゲシュ可汗の銅貨」と読むことができる。展
示目録が「ワーシュタワ」とするのは、xwt'w wxšwt'wy pny「王ワフシュ
ターウの銅銭」という銘文のある、類似の別のコインと混同したものと思われ
る。確かにこれはこのテュルゲシュのコインとよく似ているが、「王ワフシュ
ターウの銅銭」の方は、ウラ面に「山」の形のタムガ以外に漢字の「元」を付
け足している点で別のコインである。展示されている図50のコインは、ウラ面
に「山」形のタムガがある点で、それがない普通のテュルゲシュコインとも
違っている。普通のテュルゲシュコインは、オモテ面に βγy twrkyš x'γ'n pny
という銘文があり、ウラ面には弓形のタムガがあるだけである。テュルゲシュ
の歴史に照らせば、この追加のタムガのないいわゆるテュルゲシュのコインは、
大方の研究者が想定するように、テュルゲシュが最大の勢力を持ったときの可
汗蘇禄（位716〜738年）の時代に鋳造されたものであろう。テュルゲシュのコ
インに新たに付加した要素があるのだから、図50のコインはそれ以降の時代に

発行されたものであろう。

　ここでこの展示目録の記述に必要以上に詳しくコメントしたのは、展示目録の解説文を批判するためではなく、ソグドのコインについて参照できるカタログや解説書がないことを強調するためである。これは日本に限ったことではなく、世界的にみても同じである。例外は旧ソ連邦の国々で、ソグド語圏は旧ソ連邦に属する共和国の領土に含まれていたから、ソ連時代からそして、ソ連崩壊後も、ロシアや地元の研究者による研究の蓄積がある。ただロシア語で書かれたこれらの研究書や論文の利用は容易ではなかった。MIHO MUSEUM の展示目録の図50は、第 2 巻に翻訳したカミシェフ2002の No.28にあたり、「王ワフシュターウの銅銭」の銘文のあるコインの方は No.21にあたる。ソグド本土のコインのカタログとしては、現在も Smirnova 1981（註 4 参照）が基本書であることに変わりはない。しかし Smirnova のカタログはブロンズ製のコインが対象であって、銀貨などは含まれていない。また 7 世紀より古い時代のコインも基本的には収録していない。それらや、ソ連崩壊後に発見されているコインをもカバーする新しいカタログは是非とも必要であり、文化財研究所では日本の収集家と共同して、完璧とは言えなくとも利用可能なカタログを準備するプロジェクトを立ち上げた。このプロジェクトについては、本論文の後半部を参考にされたい。

1-2　貨幣史研究一般との関係

　貨幣史研究一般との関係で、チュー川流域で出土するソグド語銘文を備えたコインについての研究テーマのうちで、可能な課題とそうでないものについて概観しておく。我々は古銭研究の専門家ではないので、出土貨幣について考え得るテーマを網羅的に列挙することはできないが、以下のような素朴な疑問がわく：いつ、どこで、だれが、何のために、どんな貨幣を、どんな金属を使ってどんな技術で、どれほどの数量を発行し、どのように流通していたのか、外部からの流入はどうだったのか。これらの疑問は以下のように分類できるかもしれない。

（1）型式の同定と、型式の継承関係の推定：銘文の読みと、発行者の研究

（2）コインの製造（原材料と製造技術）に関する研究

（3）流通・機能に関する経済史的研究

　このうち（2）のテーマは、科学技術に関するもので、文化財研究所では保存修復のチームに依頼している。昨今は非破壊による調査でも一定程度の成分分析が可能なようである。（3）のテーマは、シルクロードの交易都市としてのアク・ベシム遺跡を考える場合、極めて重要であることは明らかだが、この地で行われていた経済活動にかかわる文献史料が皆無である状況では、出土するコインがどのように使われていたかを研究することは容易ではない[1]。

　結局本稿で可能な研究は（1）で、どのような形状のコインに、どのような銘文やタムガがどのように配置されているか、それが既知のコインのどれと同定されるのか、同定されない新しいタイプであれば、既知のどのタイプとどのように関連するか；銘文が解読できる場合、発行者を同定あるいは推定できるかなどが問題になる。発行者が歴史的に知られる場合には、年代の比定も問題にできる。Kamyshev 2002の研究はまさに（1）に関する最も包括的な先行研究であり、帝京大学文化財研究所が発掘したコインも、彼が分類整理した型式を参考にして分類している。

2　アク・ベシム遺跡出土のコインに関する先行研究について

　考古学の発掘においては、出土貨幣はしばしば遺跡の年代比定に利用される。キルギスにおける遺跡発掘の問題点の一つは、出土貨幣とその編年に関する研究がほとんど存在しないことである。そのことはSemenovが1996～1998年に、アク・ベシム遺跡（第1シャフリスタン）の東南の角にある教会遺跡を発掘したときの正式な報告書 *Суяб, Ак-Бешим*, Государственный Эрмитаж（Россия），Институт Истории НАН Кыргызстана, Санкт-Петербург, 2002においても、出土した36点のコインに関する報告は、大きさ（直径）と方孔の有無を示すだけの非常に簡単なリストがあるだけで[2]、その代わりにビシュケクの古銭学者であり古銭商でもあるKamyshevによる論文（"Подъемный нумизматическийматериал с Ак-Бешимского городища", pp. 157-166）が掲載されていることからも伺える[3]。しかも当該の論文ではこの発掘で出土した貨幣には全く触れられず、

Kamyshev 自身がアク・ベシムで個人的に収集したコインに基づいた記述があるだけである。

2-1　O. I. Smirnova の考え方

　そのような次第で、アク・ベシムおよび他のチュー川流域の遺跡で出土するコインについて、未だに利用される主要な研究の一つは、Kyzlasov が1953～1954年にアク・ベシムを発掘したときに出土したコインに関して、Smirnova が1958年に発表した研究である（"О классификации и легендах тюргешских монет", *Ученые записки Института Востоковедения,* vol. xvi, 1958, pp. 527-551）。これによりカラハン朝以前のこの地域のコインには、表面に βγγ twrkyš x'γ'n pny「神なるトゥルギシュの可汗の銅貨」という銘文、裏面に弓形のタムガのある突騎施銭（第1型式）があることや[4]、片面に突騎施銭と同じ銘文、裏面に読みが確定しない銘文[5]と独自のタムガのあるやや小型のコイン（第2型式）、さらに第2型式の裏面と同じ銘文を示しながら、もう一方の面には銘文もタムガもなく平滑になっている、第2型式よりさらに軽量のコイン（第3型式）がみつかることなどが発見された。

　第3型式のコインが寺院建築時の層に見つかるという出土状況から、Smirnova は第3型式が最も古く、ついで第2型式、最後に第1型式の順に発行されたとする相対年代を提案した。そして、突騎施がこの地域を支配する8世紀前半より前に、この地域のソグド人たちがソグド本土の方孔銭を真似て、7世紀の段階でこの地でも方孔銭（第3型式）を発行し始めたが、後に突騎施の支配を受けるようになり、突騎施可汗の銘文が片面に添えられ（第2型式）、最後に純然たる突騎施銭（第1型式）が鋳造されたとした。Clauson はこの説を支持していたが、日本では護雅夫もこの説を採用し紹介していて、なかば定説化していた[6]。ちなみに付録には、内藤みどり先生が主にキルギスで入手されたコインのコレクションで、生前吉田に寄贈されたコインのリストを掲載したが、そこのコインに内藤先生が添えられた「第I式」、「第II式」というメモは、それぞれ Smirnova の「第1型式」、「第2型式」に対応している。

　しかし、この説に従えば最初に質の悪い軽量のコインが発行され、後に高品

質になっていくということになり、常識的には受け入れがたい事態を想定することになる。Smirnova 以降にこの問題を論じたた F. Thierry（"Sur les monnais des Türgesh", in: M. Alram and D. Klimburg-Salter（eds.）, *Coin, art, and chronology*, Vienna 1999, pp. 321-349）, Kamyshev 2002（А. М. Камышев, *Раннесредневекобый монетный комплекс Семиречья, Бишкек,* 2002）、吉田豊（「貨幣の銘文に反映されたチュルク族によるソグド支配」『京都大学文学部研究紀要』57、2018、pp. 155-182）はみな逆の相対年代を提案している。つまり当初突騎施は中国の職人の技術を使って高品質のコインを鋳造した；後に突騎施の力が弱まり、在地のソグド人が独自にコインを発行したがその質は低くなっていったと考えることになる。その際、初めのうちは突騎施の影響力が残っていたために突騎施可汗の銘文を残していたが、後にその影響力が無くなると、突騎施可汗の銘文もなくなったということであろう。Kamyshev 2002 によれば、ソグド本土のコインはほとんど出土しないようなので、チュー川流域での貨幣発行の起源がソグド本土のコインであったとする Smirnova の仮説はその点からも支持されない。

2-2　Kamyshev 2002の研究（1）：カラハン朝以前のチュー川流域のコイン

　ここで強調しておきたいのは、キルギスにおける考古学研究の複雑な事情で、発掘による出土遺物が、公的な機関に保管されることはなく発掘者の管理に任され、発掘の当事者以外の研究者も利用できる形になっていないことがままあるように見えることである。出土コインも例外ではないようであり、その意味で在野の研究者であり、本人は発掘に関わっていないとはいえ、長年この地域のコインを収集し研究してきた Kamyshev が、この分野の第一人者になっている。そのことはキルギスの歴史資料の集成である、*Источниковедение Кыргызстана（с древности до конца XIX в.）*, Бишкек, 2004の コイン の 部 分（Нумизматические источник, pp. 148-163）を彼が担当していることからも確認される。ただ彼の研究はすべてロシア語で書かれているため、我々日本人が利用するにはハードルが高い。そこでわれわれ文化財研究所のチームは2021年に、アク・ベシム遺跡出土のコインに関する Kamyshev の論文を2点翻訳して、

63

研究所の紀要に掲載した[7]。上述のように本叢書の第2巻では、Kamyshev の博士論文で、チュー川流域の出土コイン（カラハン朝以前）に関する包括的な研究書（Kamyshev 2002）を翻訳して収録している。コインの銘文の読みなど、出版後20年を経て訂正を要する部分や、追加すべき情報を適宜訳注として提示している。また Kamyshev 氏自身から写真の提供を受けているので、原著の単なる翻訳ではなく、日本語による改訂版という性格を持たせるようにしてある。（詳しくは、「訳者前書き」を参照せよ。）さらに Kamyshev 氏からは、突騎施銭の出土地に関する論文と唐銭の現地模倣銭についての書き下し論文も提供されたので、それも翻訳し、同氏から提供された写真と共に第2巻に収録した。

　先行研究、とりわけ Kamyshev 2002の研究によって明らかにされていることをまとめる。アク・ベシム遺跡からは、10世紀に成立したカラハン朝以降のイスラーム期のアラビア語銘文のある鍛造コインと、それに先行する時代の鋳造された方孔銭が出土している。カラハン朝のコインは出土状況から判断して、この遺跡が放棄されてから、住居として遺跡を再利用していた遊牧民たちの残したコインであると考えられる。Kyzlasov は第1仏教寺院の遺跡で、まとめて隠匿された76枚のカラハン朝のコイン（11世紀）を発見している。注意すべきは、カラハン朝のコインは、地中に埋まった状態でも発見され、その点では他の方孔銭と同じ層で見つかる印象があることである。そのことから、Semenov はキリスト教教会の遺跡の年代の下限をカラハン朝時代の10〜11世紀にしている（山内・岡田訳、p. 301）。層位とコインをめぐる問題は複雑で我々には判断できないが、これらのカラハン朝のコインは、何らかの形で地中に紛れ込んだのではないだろうか。キリスト教教会で見つかったコイン36点の内、イスラーム時代であることが確実なコインはわずかに2点しかないことも、この考え方を支持するように見える。この点については下記も参照されたい。

　方孔銭は、五銖銭や開元通寳を初めとする唐のコインおよびその模倣銭と、ソグド語の銘文を持つ突騎施関連のものが多い。それ以外には、カラハン朝に先行する時代の Arslan という名前を刻んだコインなどが見つかっている。Kamyshev 2002はカラハン朝直前に存在したアルスラン朝の存在を想定して

いる。また中国式の方孔銭が導入される以前のものと考えられる方孔のないコインが1種類見つかっている[8]。これら以外に外来のコインも出土している。それらには、近隣のオトラルやチャーチ、ソグド本土（烏勒伽およびブハラホダート貨）、東ウイグル可汗国、西ウイグル王国以外に、北西インドのコインやビザンツコインが見つかっている。外来のコインでは、ソグド本土のコインの少なさが注目される。チュー川流域はソグド語圏であり、玄奘の時代「諸国の商胡が雑居している」[9]と言っているように、ソグド本土とのつながりは保持していたに違いないが、こと銅銭に関しては隋・唐の影響が強かったと考えられる。そして五銖銭や、660年以前の初期の開元通寳も出土していることから判断して、中国式のコインの流通は砕葉鎮の設置以前から始まっていたと考えられる。全体として見れば、ソグド本土のイスラーム化が本格化した8世紀後半以降の時代ほぼ200年にわたって、ソグド語圏では一人チュー川流域とタラス川流域だけがイスラーム化をまぬがれ、一貫して、ソグド語銘文を備え、方孔（時に円孔）の鋳造銅銭を発行し続けていたことになる。

2－3　Kamyshev 2002 の研究（2）大中小の突騎施型コイン

　突騎施の銘文のあるコインについて特筆すべきは、歴史上突騎施がこの地域で勢力を持っていた7世紀末から8世紀前半という、限定された層位にだけ発見されるのではなく、イスラーム化以前の層に遍くみられることで、Kamyshev によれば、そのことは、すでに Bernshtam が指摘していたのであるという。ちょうど開元通寳という銘文を持つコインが長い時代にわたって発行され続けたように、突騎施の銘文をもつコインも突騎施の盛時以降も発行され続けられたらしい。そしてオモテ面の銘文とウラ面のタムガは共通していても、金属の組成や、できあがりの差異、大きさの点で異なるコインを、Tr-4a、Tr-4b、Tr-4v、Tr-4g、Tr-4d、Tr-4e、Tr-4zh に分類している。大雑把に言えば、Tr-4a、Tr-4b、Tr-4v、Tr-4g、が大型、Tr-4d、Tr-4e は中型、Tr-4zh は小型である。そして第2型式、すなわち、片面に βɣɣ twrkyš x'ɣn pny、もう一方の面に wn'ntm'x xwβw という銘文のあるコイン（Kamyshev の Tukhus コイン）は、直径が20mm前後で、大きさの点では突騎施コインの中型に対応する

65

という。また突騎施のコインの大型銭には特大のものがあり6gを越えるものすら見つかっている。

　Kamyshev はオモテ面に βγy twrkyš x'γ'n pny という銘文と、ウラ面に弓形のタムガを持つコインのサイズが、大中小あることに関して、安史の乱の時期、乾元年間（758〜759年）に唐が発行した乾元重寶に大中小の3種類があったことと関連付けている。乾元重寶の大中小は、それぞれ、小型の1銭50枚分（当五十銭）、10枚分（当十銭）、1枚分と定められていたという。上で見た突騎施コインの重量の差異は、確かに、この乾元重寶のパターンに従っていると考えれば理解しやすい。第3型式、すなわち片面に wn'ntm'x xwβw の銘文、もう一方の面は平滑なタイプは小型に対応する。これらより小さくて銘文のないコインも存在していて、それらは小型よりさらに小さいコインとして、大型から小型への劣化の到達点と見なすことができるのではないかと Kamyshev は考えている。最も小さいコインは0.1gほどになっていて、それ以上劣化することができない段階になっている。Kamyshev は突騎施の中型コインは8世紀の後半に鋳造が始まり、第2型式すなわち Wanantmakh コインは、サイズ的には中型の突騎施コインと同じ2g前後で、同じ時期に鋳造が始まったと考えている。第3型式はさらに小型で800年前後の鋳造を考えているようだ。

3　帝京大学文化財研究所が発掘したコイン

　上でも述べたように、文化財研究所は2016年から2023年までアク・ベシム遺跡において発掘調査を行い60点のコインを獲得している。コインが主に出土したのはソグド人居住区であったと考えられる第1シャフリスタンで、南門から北に向かう中央の街路の南寄りの一画で、第13号地区と呼ばれている。それ以外に2023年度には、砕葉鎮が置かれていた第2シャフリスタンの第15号地区でも10点見つかっている。

3-1　リストと図版

　以下に、年度毎に発掘されたコインをリストのかたちで提示する。コインの写真は図版に示してある。出土したコインは、破損する恐れがあるので、さび

付いた表面をクリーニングすることは行っていないため、銘文や紋様は確認できない場合がある。目視で判断出来る限り Kamyshev 2002 で提示された型式に比定し、その略号を添えてある。それらについては、第2巻に掲載した Kamyshev 2002 の翻訳を参照されたい。発掘者の一人櫛原氏からの教示により、特定の地点でかたまって出土し、一種の一括出土と見なせるコインは備考欄でその旨記した。櫛原氏はまた、同じ場所から出土した土器の編年と遺物の炭素14による年代比定案も提示している。ただしこの年代は我々が想定する年代とは一致しない。なお、（丸括弧）は古い分類番号を示している。

2016年　第1シャフリスタン、13号地点

No.	整理番号	質量(g)	直径(cm)	備　考
1	13-16-049 (2016AKB13: 134 R2-1 P7)	3.3	2.4	開元通寳（現地製 M2 か）

2017年　第1シャフリスタン、13号地点

No.	整理番号	質量(g)	直径(cm)	備　考
2	13-17-031 (2017AKB13: 107 R2P1)	0.9	1.7	一部破損；銘文 βγy twrkyš x'γ'n pny　ウラは平滑；7c 後半〜8c 前半（櫛原）；一括出土（?）；このタイプは Kamyshev 2002 で Tr-4zh に分類されている
3	13-17-046 (2017AKB13: 100 R2P1)	5.3	2.4	補修後の重量；一部破損；銘文は表面がさび付いて確認は難しいが、βγy twrkyš x'γ'n [pny]か；7c 後半〜8c 前半（櫛原）；一括出土（?）；Tr-4a
4	13-17-047 (2017AKB13: 101 R2P1)	0.8	1.7	片面には文字があったように見えるが、判読できない；もう一方の面は最初から文字がないのか；7c 後半〜8c 前半（櫛原）；一括出土（?）；型式は特定できない
5	13-17-048 (2017AKB13: 102 R2P1)	0.2	0.8	極小銭で最初から無文字だったろう；7c 後半〜8c 前半（櫛原）；一括出土（?）；Bl-1
6	13-17-051 (2017AKB13: 105 R2P1)	0.7	1.7	最初から無文字だったろう；7c 後半〜8c 前半（櫛原）；一括出土（?）；Bl-1
7	13-17-052 (2017AKB13: 106 R2P1)	0.5	1.6	最初から無文字だったろう；7c 後半〜8c 前半（櫛原）；一括出土（?）；Bl-1
8	13-17-078 (2017AKB13: 110 R2-2P4)	1.6	2.1	半欠け；突騎施のタムガは確認できない。金属はパイ生地のように何層にもなっている？；型式不明
9	13-17-120 (2017AKB13: 117 MS1-1)	1.2	2.0	半欠け；銘文 βγy と突騎施のタムガの一部；もう一方の面は平滑か？；このタイプは Kamyshev 2002 には登録されていない

| 10 | 13-17-121
(2017AKB13: 116 MS1-1) | 0.4 | 1.6
程度か | 半欠け；片面には銘文が見えるように見える：βγy[twrkyš x'γ'n]pny？；ウラ面は平滑のように見える；このタイプは Kamyshev 2002 で Tr-4zh に分類されている |

2017年　第2シャフリスタン

No.	整理番号	質量(g)	直径(cm)	備　考
11	15-17-062 (2017AKB15: 62 SH2 R2)	5.2	2.4	破損部を補修した後の重さ；銘文はかろうじて読める　βγy twrkyš x'γ'n pny；ウラ面　弓形のタムガは確認できない；Tr-4a
12	15-17-063 (2017AKB15: 63 SH2 R8)	0.4	1.6(?)	破片；銘文　片面 βγy t(w)[rkyš x'γ'n](p)pny　もう一方の面は[wn'ntm']x xw(β)[w <tamgha>]；Tu-1
13	15-17-064 (2017AKB15: 64 SH2 R7)	10.5	2.6	現在は卵形、円形部分の直径；　銅銭、アラビア文字銘文；型式は不明
14	15-17-065 (2017AKB15: 65 SH2 R6)	7.2	2.5	一部扁平になっている；無方孔銭　銘文も模様もないように見える；型式は不明だがカラハン朝のコインらしい（nos. 15, 41 は同じ型式）
15	15-17-066 (2017AKB15: 66 SH2 R13)	5.3	2.5	一部扁平になっている　無方孔銭　銘文も模様もないように見える；型式は不明だがカラハン朝のコインらしい（nos. 14, 41 は同じ型式）

2018年　第1シャフリスタン、13号地点

以下の4つのコインがくっついた状態で発見された；2023年夏の作業で分離した

No.	整理番号	質量(g)	直径(cm)	備　考
16	13-18-020-1 (2018AKB13: 13-18-020 R1)	1.3	1.6	銘文 βγy twrkyš x'γ'n pny；片面　無文字のように見える；このタイプは Kamyshev 2002 で Tr-4zh に分類されている
17	13-18-020-2 (2018AKB13: 13-18-020 R1)	1.3	1.6	銘文 βγy twrkyš x'γ'n pny（銘文は相当さび付いている）；片面　無文字のように見える；このタイプは Kamyshev 2002 で Tr-4zh に分類されている
18	13-18-020-3 (2018AKB13: 13-18-020 R1)	1.3	1.7	両面とも無文字のように見えるが、表面の状態が良くないので確認できない；型式不明
19	13-18-020-04 (2018AKB13: 13-18-020 R1)	1.2	1.7	表裏とも文字はあるようには見えるが、確認できない；型式不明

以下の3つのコインがくっついた状態で発見された；2023年夏の作業で分離した

No.	整理番号	質量(g)	直径(cm)	備　考
20	13-18-021-1 (2018AKB13: 13-18-021 R1)	1.1	1.6	銘文　βγy twrkyš x'γ'n pny；もう一方の面　銘文は読みにくいが wn'ntm'x xwβw のように見える tamgha はフォーク型の底部に半円と点のタイプか；Tu-1v
21	13-18-021-2 (2018AKB13: 13-18-021 R1)	1.0	1.6	銘文　βγy twrkyš x'γ'n pny；もう一方の面 wn'ntm'x xwβw <tamgha>；　tamgha はフォーク型の底部に半円と点のタイプか；Tu-1v

22	13-18-021-3 (2018AKB13: 13-18-021 R1)	0.8	1.6	一部欠けている； 銘文 βγy twrkyš x'γ'n pny；もう一方の面の銘文は読みにくいが wn'ntm'x xwβw のように見える tamgha はフォーク型の底部に半円と点のタイプか；Tu-1v
23	13-18-022 (2018AKB13: 13-18-022 R1)	5.4	2.4	銘文 βγy twrkyš x'γ'n pny のようだがさび付いて確認しにくい；ウラ面は弓形の tamgha；Tr-4a
24	13-18-023 (2018AKB13: 13-18-023 R1)	2.6	2.3	薄い 片面に銘文らしきものは見えるが判読できない；ウラ面には弓形の tamgha が見えるようだが確実ではない 重量から考えて弓の中央と方孔を線で結ぶタイプか？；Tr-4g?
25	13-18-037 (2018AKB13:13-18-037 R2 P8)	0.5		破片（全体の3分の1程度）；表面が激しくさび付いていて、銘文の有無は確認できない；中型銭らしいが型式不明
26	13-18-153 (2018AKB13: 13-18-153 R5)	1.3	1.8	表裏に銘文があるが、読み取れない（片面はtwrkyš x'γ'n pny か）；文字の天はコインの内側に向かう時計回りの銘文；Tu-2
27	13-18-154 (2018AKB13: 13-18-154 R5)	1.3	1.8 程度	全面が錆び付いていてあつぼったくなっている；銘文は全く不明；中型銭らしいが型式不明
28	13-18-155 (2018AKB13: 13-18-155 R5)		1.9	方孔銭；方孔が埋まるほど、さび付いている；現在は破砕して重量は計測しにくい。破砕前の重量は 1.6g 程度だった；型式不明
29	13-18-156 (2018AKB13: 13-18-156 R5)	0.9	1.5	さび付いて銘文は全く読めない；中型銭らしいが型式不明
30	13-18-157 (2018AKB13: 13-18-157 R5)	0.5	1.6	銘文は見えない。存在しなかったのかもしれない；中型銭らしいが型式不明
31	13-18-158 (2018AKB13: 13-18-158 R5)	1.6	2.0	半分の断片；さび付いて分厚くなっている；中型銭らしいが型式不明
32	13-18-159 (2018AKB13: 13-18-159 R5)	0.3	1.2	湯口が見えている； 銘文は最初からなかったように見える；所属不明の錆びついた金属小片が同じ袋に入っている；小型銭だが型式は不明
	13-18-160 (2018AKB13: 13-18-160 R5)			本来3枚のコインがくっついていた。中央の1枚は飛び出た状態だった。その1枚は半分が割れている；割れて半分になった1枚は 13-18-160-2 (No. 34)、残りの2枚と半分 (Nos. 33, 35) は、13-18-160-1
33-35	13-18-160-1 (2018AKB13: 13-18-160 R5)	4.0	1.7 程度 (Nos. 33, 35)	3枚（実際には2枚と半分）；銘文はあったようだがさびついて全く読めない；中型銭らしいが型式不明
34	13-18-160-2 (2018AKB13: 13-18-160 R5)	0.8	2.0	半分になった断片；銘文はあったようだが全く確認できない；中型銭らしいが型式不明
36	13-18-181 (2018AKB13: 13-18-181 R5)	1.5	2.0	さびついて銘文は全く見えない；中型銭らしいが型式不明

37	13-18-182 (2018AKB13: 13-18-182；表採)	0.9	1.7	銘文なし；中型銭らしいが型式不明

2018 年　第 1 シャフリスタン、第 2 仏教寺院

No.	整理番号	質量(g)	直径(cm)	備　考
38	18-18-001 (2018AKB18: 18-18-001)	0.9	1.5	銘文 βγγ twrkyš x'γ'n pny か　もう一方の面は平滑；このタイプは Kamyshev 2002 で Tr-4zh に分類されている

2019 年　第 1 シャフリスタン、13 号地点

No.	整理番号	質量(g)	直径(cm)	備　考
39	13-19-021 (2019AKB13: 21 南西拡張区)	5.5	2.4	銘文　βγγ twrkyš x'γ'n pny ウラ面弓形の tamgha；標準的な突騎施銭 Tr-4a
40	13-19-024 (2019AKB13:24P9/MS1-1(?))	3.0	2.4	銘文はやや崩れているが　βγγ twrkyš x'γ'n pny；弓形の中央と方向を結ぶ線があるタイプ Tr-4g

2019 年　第 2 シャフリスタン

No.	整理番号	質量(g)	直径(cm)	備　考
41	15-19-174 (2019AKB15: 174 P7)	8.5	2.4	無方孔銭　銘文も模様もないように見える；型式は不明だがカラハン朝のコインらしい (nos. 14, 15 は同じ型式)
42	15-19-175 (2019AKB15: 175 P7)	0.3	1.0 程度？	直径は破損していて分からない；方孔銭だが表裏に銘文はないように見える；型式不明

2019 年　第 1 シャフリスタン、南壁

No.	整理番号	質量(g)	直径(cm)	備　考
43	19-19-005 (2019AKB19: 5)	5.4	2.4	標準的な突騎施銭 銘文 βγγ twrkyš x'γ'n pny；ウラ面弓形；Tr-4a

2022 年　第 1 シャフリスタン、8 号地点（キリスト教教会）

No.	整理番号	質量(g)	直径(cm)	備　考
44	Context no. 14, No. 311[10]	2.2	2.2	中型の突騎施銭　銘文 βγγ twrkyš x'γ'n pny；ウラ面弓形；Tr-4d
45	Context no. 240, No. 316	0.2	0.9	（湯口が見える）；無紋の極小銭；Bl-1

2022 年　地元の人の寄贈品（出土地不明）

No.	整理番号	質量(g)	直径(cm)	備　考
46	No. 331	4.1	2.2	無方孔銭；表裏とも表面は錆びていて文字や模様は十分確認できないが、わずかに見える痕跡からカラハン朝のコインであると推測される。11世紀

2023 年　第 1 シャフリスタン、8 号地点（キリスト教教会）

No.	整理番号	質量(g)	直径(cm)	備　考
47	2a, Context no. 482, No. 172[11]	9.0	2.8	方孔銭のように見える；大型の突騎施コインか？錆びで表面が確認できない
48	2a, Context no. 310, No. 179	5.2	ca 2.5	非方孔銭のように見える；錆びで表面が確認できない
49	3aTr, Context no. 484, No. 188	0.7		方孔銭の破片か；残存部 1.7cm；錆びで表面が確認できない
50	7Tr, Context no. 784, No. 191	5.0	2.5	非方孔銭のように見える；錆びで表面が確認できない

2023 年　第 2 シャフリスタン

No.	整理番号	質量(g)	直径(cm)	備　考
51	P10[12], Context no. 282, No. 192	1.0		残存部 1.8cm；半欠けの方孔銭；全面錆に覆われて銘文は確認できない；型式不明
52	P10, Context no. 313, No. 193	5.5	2.4	方孔銭；全面錆に覆われて銘文は確認できない；型式不明
53	P10, Context no. 309, No. 194	4.8	2.4	方孔銭；全面錆に覆われて銘文は確認できない；型式不明
54	P10, Context no. 292, No. 195	5.8	2.5	標準的な突騎施銭　銘文 βγγ twrkyš x'γ'n pny；ウラ面　弓形；Tr-4a
55	Tr2[13], Context no. 242, No. 196	5.8	2.5	標準的な突騎施銭　銘文 βγγ twrkyš x'γ'n pny；ウラ面　弓形；Tr-4a
56	P10, Context no. 215, No. 197	2.2		残存部 2.4cm；半欠けの方孔銭；全面錆に覆われて銘文は確認できない；型式不明
57	P10, Context no. 215, No. 198	4.8	2.6	方孔銭；全面錆に覆われて銘文は確認できない；型式不明
58	P10, Context no. 215, No. 199	1.7	2.5	方孔銭；全面錆に覆われて銘文は確認できない；型式不明
59	P10, Context no. 228, No. 200			破片；全面錆に覆われて銘文は確認できない；型式不明
60	P10, Context no. 303, No. 230-2	ca 2.4		半欠けの方孔銭；全面錆に覆われて銘文は確認できない；型式不明

シルクロードのコイン 1

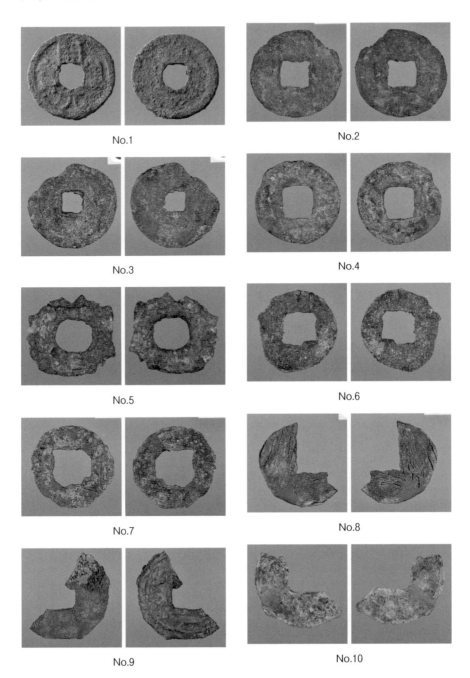

72

帝京大学文化財研究所チームがアク・ベシム遺跡で発掘したコインをめぐって

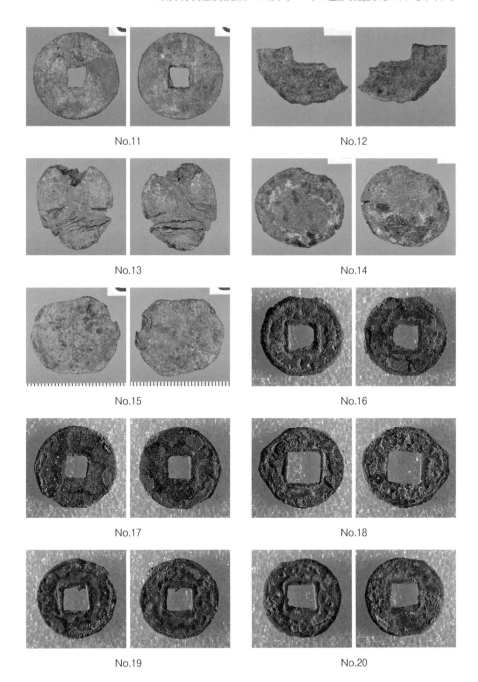

73

シルクロードのコイン 1

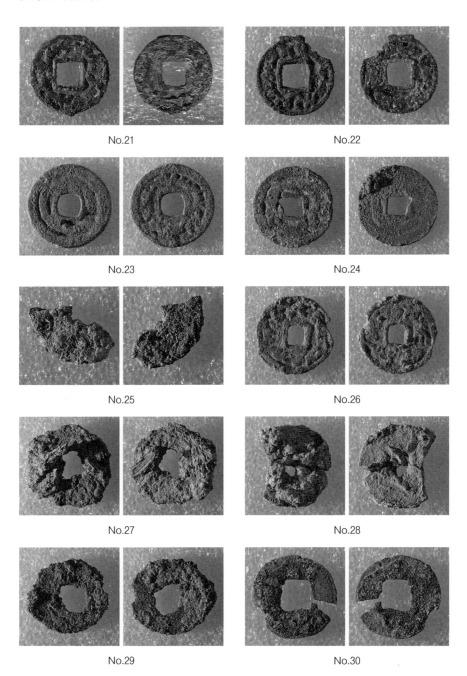

No.21

No.22

No.23

No.24

No.25

No.26

No.27

No.28

No.29

No.30

帝京大学文化財研究所チームがアク・ベシム遺跡で発掘したコインをめぐって

No.31　　　　　　　　　　　　No.32

No.33, 35　　　　　　　　　　No.34

No.36　　　　　　　　　　　　No.37

No.38　　　　　　　　　　　　No.39

No.40　　　　　　　　　　　　No.41

シルクロードのコイン 1

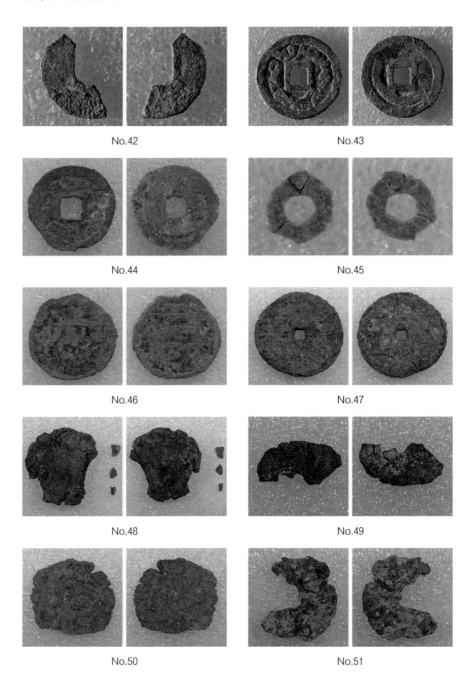

No.42

No.43

No.44

No.45

No.46

No.47

No.48

No.49

No.50

No.51

帝京大学文化財研究所チームがアク・ベシム遺跡で発掘したコインをめぐって

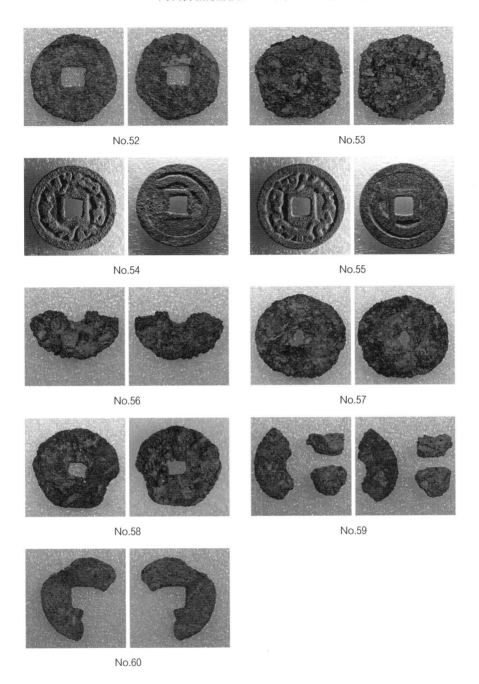

77

3-2　文化財研究所が発掘したコインの解釈をめぐって

　チュー川流域で出土する方孔銭、とくに突騎施銭と Wanantmakh（Kamyshev 2002の Tukhus 銭）銭に関して Kamyshev 2002で提案された重要な視点は、開元通寶と同じ大きさの突騎施銭と比べて、サイズが小さいコインが存在し、それらは時代を追うにつれて劣化していく状況を示しているというものであった。出土したコインで直径が計測できるもので見てみると、2.4cm 程度の大型銭、2.0cm〜1.5cm の中型銭、それ以下の小型銭が見られる。文化財研究所が2016〜2019年において発掘した第1シャフリスタンの13号地区では、大中小のコインが出土しているわけだが、それはどのように解釈できるだろうか。

　発掘を担当した文化財研究所の櫛原氏によれば、年度を追うごとに下層に掘り進んでいるという。そのうち出土コンテキストが狭い範囲で特定できるという意味で一括出土と見なせるのは、2017年の発掘の通し番号2〜7の6点であるという。上記の表では備考にその旨を記した。櫛原氏は出土土器の形式と遺物の炭素年代によって、ここで出土する遺物を7世紀後半から8世紀前半に年代比定している。この部分で出土しているコインは6点しかないものの、大中小のコインがすべてそろっている。Kamyshev 2002の年代論を参照すれば、小型のコインが製造されるのは9世紀に入ってからのようなので、それに従えば、これらのコインが退蔵されたのは9世紀頃以降と推定されるだろう。櫛原氏の年代比定とは100年ほどのずれがあるが、このずれをどう解釈するかは今後の課題となる。その一方で、この時期には大中小の方孔銭が同時に流通していたことが示唆されることになった。なお2016年の発掘で見つかった開元通寶は、つぶさに見れば方孔ではなく、円孔であっていわゆる現地模倣銭であるようだ。Kamyshev 2002の分類では M2に対応する。遺跡が機能した10世紀まで流通していたとしても不思議ではない。

　残りのコインでは、2018年度は24枚の出土があったが、中型が大半で大型が2枚であった。2019年の発掘ではわずかに2枚しか発掘されなかったが、2つとも典型的な突騎施のコイン（Smirnova 1958の Type I、同1981の Type IV、Kamyshev Tr-4a）になっている。下層に行くほど古いという前提によく合致

する出土状況ではあるが、事例が少なすぎて慎重な判断が求められよう。その一方で2019年の発掘では南壁の一部を断ち割っているが、そこで出土している１枚のコイン（No. 43）も典型的な突騎施コイン（Tr-4a）で、これは南壁の当該部分が修復された時代を反映している可能性が高い。

第２シャフリスタン内部のAKB15号地区の出土コインには、nos. 13, 14, 15, 41のような無方孔銭が見られる。表面が相当傷んでいて銘文や紋様は確認できないが、カラハン朝時代のコインらしい。2023年の発掘ではpit 10の出土品が注目される。９点見つかっている。１点を除いて錆による腐食が激しく銘文は全く読み取れないが、直径は2.4cmほどで、大型のコインであったことが分かる。保存状態が良く銘文が読み取れるのは、重量やサイズの点で典型的な大型の突騎施銭である。残りの８点も典型的な突騎施銭であった可能性が高い。Trench 2から出土したのも、保存状態が良く銘文が読み取れる。重量やサイズの点で典型的な大型の突騎施銭である。このような出土状況が、どのような歴史的背景によっているかは、今後の発掘によって明らかにされるであろう。

3−3　アク・ベシム遺跡で発掘されたコインについての遺構ごとの概観

ここで、現在までに発掘された遺構ごとに出土したコインの内訳と比較して見よう。1953〜1954年のKyzlasovの発掘以降、アク・ベシム遺跡のいくつかの遺構が発掘されているので、遺構ごとに出土したコインの種類や数量を見てみよう。なお、ここではKyzlasov 1958の報告でне опредеренная「不明」とあるものは考慮していない。

(a) 第１仏教寺院

第１仏教寺院の場合、出土コインの内訳は以下のようになっている。下の統計ではType I＝Turgesh 大型；Type II＝Wanantmakh/Turgesh 中型；Type III＝Wanantmakh 小型のように指定している。またコインごとに、直径（mm）と重量（g）を25（mm）/5.25（g）のように指定している。注意すべきは大型の突騎施銭に、直径が20mmほどの中型の突騎施銭がわずかに混入していることである。Kamyshev 2002の推定によれば、中型の突騎施銭はTypeIIと同じように8世紀後半に製造が始まった[14]。

> Type I〈7枚〉：（1）25/5.74；（2）25/5.25；（3）25/2.76（半かけ）；
> （4）24/2.04；（5）23/2.69；（6）21/0.67（断片）；（7）断片
> Type II〈20枚〉：（1）20/2.52；（2）20/0.57；（3）18/1.11；（4）18/
> ―；（5）17/1.15；（6）17/1.13；（7）17/0.96；（8）17/0.64；
> （9）17/0.60；（10）16/1.54；（11）16/0.48；（12）16/1.07；（13）
> 16/1.04；（14）16/0.89；（15）16/0.89；（16）16/0.71；（17）
> 16/0.70；（18）16/0.68；（19）16/0.63；（20）―/―
> Type III〈8枚〉：（1）13/0.60；（2）13/0.48；（3）12/0.47；（4）
> 12/0.43；（5）12/0.28；（6）11/0.83；（7）11/0.61；（8）
> 11/0.25
> 中国銭〈1枚〉：（1）大暦元寶〈安西都護府発行のコイン；大暦は766～
> 779年；Smirnovaは9-10世紀の層とする〉

　ここでは大型、中型、小型がすべてみつかる。Type II と Type III が、第
1仏教寺院の建築時の層に見られ、Type I が破壊（放棄）時／破壊後の層で
見つかるという Smirnova/Kyzlasov の層位の相対年代の想定が正しく[15]、
Kamyshev 2002や吉田が推定するように、Type I、Type II、Type III がこの
順で発行され、Type I（突騎施銭）が8世紀前半の蘇禄（位716～738年）の時
代に発行され始めたとすれば、導き出される年代比定はおおよそ以下のようになる。
（1）Type II、Type III が発行された時期以降に第1仏教寺院は建造された
（2）Type I（突騎施銭）は、Type II、Type III が発行されてからも利用さ
れた（あるいは発行され続けた）
（3）第1仏教寺院の建築は早くても8世紀の後半である

(b) キリスト教教会

　次に Kyzlasov が発掘した第1シャフリスタンの外のキリスト教教会
（Smirnova 1958は8世紀の層とする）では以下のようなコインが出土してい

た：

Type Ⅰ〈4枚〉：（1）25/5.34；（2）24/7.09；（3）24/6.09；（4）
　　　21/2.45
Type Ⅱ〈1枚〉：（1）16/1.67
中国銭〈1枚〉乾元重寶（1）〈Smirnova は時代不明とする〉

このうち乾元重寶は乾元年間（758〜760年）に発行されたことが分かっている
から、これが上限の年代である。つまり乾元年間以前に建築された。大型の突
騎施コインが3点も見つかっていることは注目される。この教会は800年頃ま
で存在していたのかもしれない。このことは、Semenov が発掘した城内の巨
大なキリスト教教会との相対年代を考える上で参考になるであろう。

（c）第2仏教寺院

　第2仏教寺院では、Л. Зяблин（*Второй буддчийский храм*, Фрунзе, 1961）の
報告によれば、コインは以下のような22枚が出土している。それらの分類は
Smirnova に依頼したと言うが、本来同じ型式であるはずの Turgesh と
Turgesh Type Ⅰを区別しているなど、分類の基準は必ずしも明らかではない。
ここでも中型の突騎施銭を区別していない。（下線は写真があるもの）。

中国銭〈2枚〉：開元通寶 no. 3（24mm；2.52g）、乾元重寶[16] no. 14（27mm）
カラハン銭〈2枚〉：銅貨 no. 6、銀貨 no. 7
Turgesh〈3枚〉：no. 1（25mm；2.38g）, no. 4（20mm；0.82g）, no. 5
　　　（25mm；4.81g）
Turgesh TypeⅠ〈5枚〉：no. 9（20mm）, no. 10（24mm）, no. 17（24mm）,
　　　no. 19（20mm）, no. 20（18mm）
Turgesh circle TypeⅡ〈4枚〉：no. 8（20mm）, no. 11?（27mm）, no. 12
　　　（16mm）, no. 15（12mm）
Turgesh circle TypeⅢ〈1枚〉：no. 13（15mm）

追加のタムガがある貨幣〈1枚〉：no. 18（20mm）

未比定〈4枚〉：銅 no. 2（半かけ、20mm；0.76g）、no. 21（12mm）、
no. 22（11mm）、銀 no. 16

どのコインも建築時の層で発見されたものではなく、崩壊時の層で見つかっ
ているのだという。この場合も上限は乾元重寶によって得られる。全体的な印
象は第1仏教寺院と同じであるが、非常に小さいコインが見られない。第1仏
教寺院より相対的に古い可能性がある。ちなみに、Zjablin は、Smirnova 1958
の年代比定に従い、この寺院は7世紀末～8世紀初頭に消滅したと考えている。
そしてその創建は6～7世紀だとしている。この無謀な年代論は、玄奘がこの
地域の仏教寺院について語らないことからも支持されないであろう。なお追加
のタムガがある突騎施コインは中型のコインで、この発掘ではじめて見つかっ
た。これは鋳型の段階で、各コインの型に別のタムガを追加で押捺してから鋳
造するもので、いわば鋳造貨幣のカウンターマークである。このタイプのコイ
ンは、その後も一定数がクラスナヤ・レーチカ遺跡とアク・ベシム遺跡で発見
されており、Kamyshev 2002は出土状況から、とりわけアク・ベシムで鋳造
されていた可能性が高いことを指摘している。

(d) 第8地区（第1シャフリスタン内部のキリスト教教会）

次に1996～1998年に Semenov がキリスト教教会（第8地区）で発掘したコ
イン（計37枚）[17] を見てみよう。Semenov のリストから、直径が大きい順に並
べてみた。

方孔銭[18]

直径

26mm	4枚（3枚には突騎施のタムガ）：Nos. 11, 17, 20, 34（no. 34 は城塞から）	
25mm	6枚（4枚には突騎施のタムガ）：Nos. 2, 22, 30, 31, 32, 35	
22mm	1枚：No. 5	

21mm	1枚：No. 21
20mm	2枚：Nos. 1, 3
19mm	1枚：No. 29 〈本文：Tukhus〉
18mm	2枚：Nos. 4、18
17mm	1枚：No. 27 〈本文：Tukhus〉
15mm	3枚：Nos. 14, 19[19], 33 〈本文：no. 33は Tukhus〉
14mm	3枚：Nos. 6, 9, 23
13mm	1枚：No. 1
12mm	2枚：Nos. 7, 26
11mm	1枚：No. 25
8mm	1枚：No. 8
5～7mm	3枚：No. 24 〈本文では直径0.6～1cm の青銅貨幣が3個〉
破片	3点：No. 13 〈本文：直径15mm の Tukhus〉
リストに記録なし：本文では、部屋7の南側から Tukhus コインが見つかったとある

非方孔銭（4枚）

| 24mm | 1枚：No. 12 |
| 26mm | 1枚：No. 28 |

フィルス

| 24mm | 2枚：Nos. 15, 16 |

このリストで見る限り、ここでも大型、中型、小型の方孔銭が見つかっている。それ以外にカラハン朝のコインも見つかっていて、部屋3の床下から1枚見つかる事例（no. 16）があることを根拠に、Semenov はこの教会の建設及び使用を10世紀から11世紀にかけての100年間ほどだったとしている[20]。ただこの遺跡の層位へのカラハン朝のコインの偶発的な混入には注意が必要である。崩壊時層でみつかるにしても、大半の出土コインが方孔銭であることは無視できないであろう。むしろ部屋24の下層の床の下から見つかる3枚の小型のコイン（nos. 6-8）に注目すべきであろう。この判断が正しければ、そして大型や中

型のコインが多いことを考慮すれば、この教会は小型のコインが鋳造され始めた800年頃に設置されたと考えられるのではないだろうか[21]。

　参考までに、帝京大学文化財研究所が発掘している第13号地区と同様に、第１シャフリスタン内部の特定の建築遺構ではない地区の発掘で獲得されたコインについて見てみる。

（e）Kyzlasov がトレンチを入れた第２号地区

　まず Kyzlasov が第１シャフリスタンの内部でトレンチを入れた第２号地区で出土したコインのリストを見てみよう。大型と中型の２種類が見つかっている[22]。

　　　Type I＝突騎施７点：（１）25mm/3.34g；（２）25mm/3.30g；（３）
　　　　　　25mm/2.43g；（４）24mm/3.81g；（５）21mm/2.13g；（６）
　　　　　　21mm/1.05g；（７）断片
　　　Type II＝Tukhus １点：18mm/0.88g
　　　開元通寶２点

（f）第10号、11号地区

　次に2006〜2008年に Vedutova と栗本慎一郎が発掘した第10号、11号地区のコインについて見てみる（Л. М. Ведутова/Ш. Куримото, *Парадигма раннесредневекобой Тюркской культулы: Городище АкьБешим,* Бишкек, 2014）。この報告書には随所に発掘されたコインへの言及がある。例えば最初の年に、第10号地区の no. 7 室（台所空間）の発掘で、１枚の小型の Tukhus コイン、23枚の突騎施コイン、２枚のカラハン・コインが見つかったとある（p. 124）。10号地区には金属加工工房があり、坩堝やスラッグなどが見つかっている。コインの鋳造もここで行われていたと推定されるという。出土コインの詳細は不明だが、図版には10号地区と11号地区で出土したコインの一部の写真がある（図版20）。写真には“Ak Beshim. Objects X-XI. Turkic-Sogdian coins. Bronze”というキャプションがある。そこは表裏を示すグループと、片面だけを示すグループがあり、左側に置かれた表裏を示すグループを第10号地区から出土したと見なした。写真

が小さくて詳しくは分からないが、大中小の別と、銘文が確認されたものを下に掲げる：

　　A グループ（10号地区？）
　　小型　　3点　　銘文なし2点；銘文不明1点
　　中型　10点　　銘文不明5点；Type II? = Tukhus　4点；追加のタムガ1点
　　大型　　6点　　大暦元寶2点；Type I= 突騎施4点
　　B グループ（11号地区？）
　　小型　　2点（銘文不明）
　　中型　11点（銘文不明）；Type I= 突騎施1点
　　大型　　6点　　大暦元寶3点；高昌吉利1点；Type I= 突騎施2点
　　非方孔銭　　2点

　層位と出土貨幣の関係は報告書からは分からないが、大中小のコインが同時に出土していたようであり、これまで見てきた状況とあまり変わらない。特筆すべきは高昌吉利銭が1点見つかっていることで[23]、単なる紛れ込みでなければ、7世紀前半のトルファンのコインが、遅い時代まで大型銭として使われていたように見える[24]。この地域の特殊性なのかもしれない。開元通寶ではなく大暦元寶が見つかっていることも興味深い。
　ここまでは帝京大学文化財研究所の発掘にかかわって、アク・ベシム遺跡およびチュー川流域で出土するコインについて論じた。後半では、ソグドコイン一般について論じる。

4　ソグドのコインの研究：帝京大学文化財研究所の取り組み

　ここで言うソグドのコインというのは漠然とした表現であるが、我々が念頭に置いているのは、（1）ソグド語圏で流通していたコインと、（2）ソグド語の銘文のあるコインである。両者に大きな差異はないようだが、ソグド語圏以外の場所で発行されたコインにも、わずかながらソグド語の銘文があるコインがみつかる場合があるので、このように分類している。

4-1 平野コレクション

ソグド語圏やその周辺で発行されたコインに関して、帝京大学の文化財研究所は、そのような古銭を大量に収集している国内屈指の古銭収集家であり古銭学者でもある平野伸二氏の協力を得て、イスラーム化以前の時代、つまり陸のシルクロードの全盛期に流通していた、ソグドとその周辺地域のコインを、実物の非破壊調査をもとに研究するチームを発足させた。このチームは山内をリーダーとし、コインの銘文や歴史的背景の検討を吉田と平野が、コインの金属組成や製法の解明及び保存・修復を同研究所の藤澤・三浦・竹井が担当する。平野氏のコレクションとは別に点数は多くないが、吉田は故内藤みどり教授から、教授が主に1990年代、キルギスで故加藤九祚先生の発掘に参加しておられた時に収集されたコインを、生前に恵贈されていた。内藤先生のコレクションも、平野氏のコインとともにそのような調査の対象にすることにした。この場合は、一部破壊調査も行う。内藤先生寄贈のコインは付録1にリストしてある。

これらの収集品は、科学的な発掘によるものではないため、時には真贋さえも問題になることは承知している。当該のコインが古銭市場に流通するに至るまでの詳細は不明であるという意味で、素性の明らかではない品物を研究対象にしているという研究倫理の問題も存在する。しかし、従来古銭研究は、そのような収集品を主な資料として研究が行われてきたという経緯があり、それらを排除してはおよそ古銭学の研究そのものが成立しないことも事実である。類似の例はバクトリア語文書であろう。1990年代以降、突如としてマーケットに現れたバクトリア語文書は、正式な発掘によらないものだが、N. Sims-Williams が、印章や銀器の銘文など、わずかに知られていた素性の明らかなバクトリア語資料や、ソグド語やパルティア語、パミール山中のイラン系言語などの周辺言語との比較から、それらが本物であると認定し解読を発表した[25]。たしかに贋作は出回ってはいるが、本物の文書との比較によって比較的容易にそれらを排除することもできた。この解読により、バクトリア語に関する言語学的研究や、バクトリア（後のトカリスタン）に関する歴史研究の状況は一変した。正式な発掘によらないという理由で、それらを無視してイスラーム化以

前のバクトリアの歴史を論じることはできない状況になっている。ある意味で古銭に関する研究は、以前からそのような状況にあったと言えよう。

4-2 保存状態が良い古銭を研究する意義

ソグド語圏の場合、ペンジケント遺跡の出土品を初めとして、正式な発掘によって獲得されたコインは非常に多いので、吉田は従来それらと比較してみることを、当該の収集コインが信頼できるかどうかを判断する基準の一つにしている。その際、出土するコインは保存状態がまちまちであり、銘文を正しく読むことができるかどうかは、保存状態に大きく左右される。したがって同じ型式であることが分かっている場合、可能な限り保存状態が良いコインで銘文を読む必要がある。また鍛造コインの場合、製造技術が劣悪で丁寧に作られていない粗悪なコインでは、打ち付ける金型（鏨）と金属の接触面がコインごとに微妙に違っている関係で、コインの周辺にある銘文が失われている場合も少なくない。可能な限り保存状態が良く、出来映えが良いコインをもとに銘文を読まなければならない。時には、いくつかのコインの銘文を組み合わせてはじめて銘文の全体を読むことができる場合がある。

現在帝京大学文化財研究所で調査している内藤先生と平野氏の収集品のなかから、いくつか例を示してみよう。まずは鋳造コインの例である。アク・ベシムと周辺地域では、旧ソ連圏の研究者が O. I. Smirnova の見解に従って Tukh(u)s コインと呼んでいるコインが多く見つかっている。吉田は、2000年の段階で、内藤先生のコレクションにある保存状態の良いコインをもとに（図1）、Smirnova が tγwšs あるいは tγws'n'k と読む銘文が、実際には wn'ntm'x と読まれるソグド語の人名であることを明らかにできた[26]。

（図1：内藤コレクション）

これと同様に Kamyshev 2002 が no. 35 として収録しているコインでは、

Kamyshev が引用する V. A. Livshits の読みは、オモテ面が x'y yn'l 'nyr xwβw pny、ウラ面は βγy twrkuš^sic γ'γ'n であった。P. Lurje と吉田はオモテ面を、yγl-'xr xwβw pny xcy「(これは) ヤグラカルの王の銅銭である」と読んで、ウイグルの可汗家の名前を読み取った[27]。ウラ面について、Lurje は Livshits の読みを踏襲しているが、吉田は prnxwnty wβ't「福徳あれかし」という吉祥句を読み取った。吉田の読みは、平野氏の保存状態の良い収集品に基づいている (図 2)[28]。

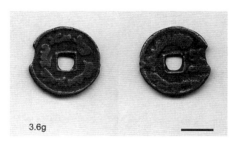

(図 2)

保存状態の良いコインを研究することの重要性に関して、次に平野コレクションから鍛造コインの例をあげよう。これは今回のプロジェクトでの調査で明らかになった発見である。一つ目は、弁髪の男性の左4分の3面観とその左側にソグド語の prn が刻まれたブロンズコインで (図3左側)、同じ型式のコインは Smirnova 1981 では発行地が明らかではないコインのうち、Тюрко-Согдийские монеты「トルコ=ソグドコイン」の монеты тюрко-халлачей「ハラジュ突厥のコイン」に分類している (Smirnova 1981, pp. 357-358, no. 1481)。ウラ面は中央にタムガとその両側にソグド文字の銘文が見える。Smirnova は左側の銘文を c'rδw あるいは w'rδw と読み、右側の銘文を γδδc と読んでいる。平野コレクションにもこの型式のコインがあり、保存状態は良好である。そこでは銘文の冒頭部がはっきり見え、左側の銘文は trδw と読むことができる[29]。Smirnova が見ることができたペンジケント出土のコインでは冒頭が破損していることが分かる。trδw は6世紀終わりから7世紀初めにかけて西突厥の支配者であった Tardu = 達頭可汗に比定される。彼の名前だけを刻んだ鍛造コインは別に知られているが、そこでは可汗のプロフィールは打刻されていない

から（G. Babayar, *The catalogue of the coins of Turkic Qaghanate*, Ankara, 2007, pp. 53-54)、これは貴重な発見である。残念ながら右側の銘文は意味のある読解ができない。平野コレクションでみる限りは šδδc のように見える。地名から接尾辞 -c で派生した形容詞なのだろうか。

（図３；左側のコインの銘文）

　二番目は Smirnova 1981, nos. 1472-1480 のコインで、ペンジケントで発見されているが、発行地が明らかではないコインとして分類されている。オモテ面には頭巾のようなものをかぶった人物／神格のやや左に傾いた正面観がある。ウラ面にはタムガと、それを取り囲むように prn と βγy ともう１語判読できない銘文がある。９枚のコインに６つのタイプを認めている。パターンは同じでありながら、図像が微妙に異なるタイプが存在しているということである。もう１点 Smirnova 1981, no. 1434 はフェルガナの Quva の発掘で見つかっているが、同じパターンである。そのオモテ面に打刻された神格像についての議論は Smirnova 1981, pp. 24-25 にある。彼女は神官の像である可能性も考慮している。

　このコインも、Smirnova が見ることができたコインでは銘文の一部が切れているか、表面が傷んでいて良く読めていなかった。平野コレクションには同じグループのコインが９枚あるが、像はどれも微妙な差異がある。その内の１

89

点では（図4）、これま
で読めていなかった語が、
ほぼ確実に r'm と読むこ
とができる。全体は prn
βγy r'm「幸運の神ラー
ム」（あるいは βγy r'm
prn「神であるラームの
栄光」）と読むことがで

（図4）

きる[30]。この場合、オモテ面のプロフィールは、ラーム（r'm）神のそれではないかと考えられる。ラーム神は、ソグド人のディアスポラでポピュラーであったことを示唆する事実があり[31]、それとの関連も疑われる。ラーム神を祭る神殿が発行するコインがあった可能性も考えられよう[32]。今後追求すべき重要な課題になるであろう。

5　平野コレクションのコインから (1)：カウンターマークについて

シルクロード地域で見つかるササン朝の銀貨には、しばしば本来のコインにはなかった語、模様、タムガ、マークがコインの周辺部分に打刻されている場合がある。このような二次的な打刻を、ここでは「追刻」という表現で呼ぶことにする[33]。追刻された要素は、一般にカウンターマーク（countermark）と呼ばれている。そのカウンターマークについて古銭学者の K. Vondrovec はこう言っている：

> A countermark is a small die with an image or legend that is struck onto coins already in circulation. Countermarking is known from virtually all periods and all regions that have hammer-struck coins, its primary purpose being to mark "foreign" coins to indicate their acceptability in their new area of circulation. Only rarely are these minute images sufficient to attribute them to a particular authority.（K. Vondrovec, *Coinage of the Iranian Huns and their successors from Bactria to Gandhara* （4th

to 8ᵗʰ century CE), Vienna 2014, vol. I, p. 425.)

　ここで言われている acceptability も重要な観点であるが、カウンターマークを追刻している支配者や国家が、独自の貴金属貨幣を発行できないか、発行したくないという事情は考慮する必要がある。明瞭な実例は N. Sims-Williams が研究した Guzgan の 7 世紀終わり頃の支配者 βησοτο の発行した銅貨と、彼の名前を刻したカウンターマークのある（アラブ）ササン銀貨であろう[34]。西暦690年頃の βησοτο の時代 Guzgan には 3 人の支配者（βησοτο, σκαγο, ζολαδο）[35] が並び立っていたが、銀貨を発行していたのは Ambēr の造幣所を利用できた ζολαδο とアラブの知事たちであり、βησοτο や σκαγο はカウンターマークを銀貨に打刻しているという。下には、βησοτο が発行した銅貨と（図5）、彼のカウンターマークがある Khosraw II（位590～628年）の銀貨の写真（図7）及び、カウンターマークの描き起こし図（図6）を Sims-Williams の論文の Fig. 4 から引用し提示した。

βησοτο コイン；右下は平野氏収集品（ウラ面も示している）（図5）

91

Fig. 4. Countermark of Bēsut.　（図6）

（図7）

Khosraw II のコインと $\beta\eta\sigma o\tau o$ のカウンターマーク（S. Album, "An Arab-Sasanian dirham hoard from the year 72 hijri", *Studia Iranica*, 21/2, 1992, no. 10.）

5-1　カウンターマーク k'n' について

　類似の事態は平野伸二氏所蔵の銅貨についても観察される。平野氏所蔵の貨幣には、タシケントの近くの Kanka 遺跡で発見されたとされる、バクトリア語の銘文のある銅貨がある（図8）。同じ型式で、北トカリスタン出土とされるコインも所蔵されている（図9）。

Kanka 出土？（図8）

北トカリスタン出土？（図9）

　支配者の左横向きのプロフィールとその左わきにバクトリア語の銘文がある。もう一方の面は平滑である。銘文はよく残っており、11時の位置から5時の位置にかけて、反時計回りに刻まれていて、比較的容易に κανανο χοηο「カナホ王」と読むことができる。書体面で注目されるのは文字 υ で、基準線より上のストロークは、上ではなく右方向に開いた半円ないしは円弧になっている。Sims-Williams の書体の研究によれば、この特徴（υ2）は西暦465年以降の文書に見られるという（N. Sims-Williams and F. de Blois, *Studies in the chronology of the Bactrian documents from Northern Afghanistan*, Vienna, 2018, p. 51）。また χοηο の χ もローマ字 h の鏡像形で、これは西暦500年頃以降の字体である[36]。要するにエフタル期以降の字形である。この時代のバクトリア文字では、語末の -ανο はトルコ語の語末の開音節 -a/ä の表記に用いられる。例えばトルコ語の bilgä は βιλγανο、toŋa は τογγανο、また漢字で「僕羅」と音写される人名は βοκολανο と表記されている（Sims-Williams, *Bactrian personal names* (Iranisches Personennamenbuch, II/ 7), Vienna, 2010, pp. 152-53, 78, 83）。従ってこの王の名前は、母音の長短は分からないが、［kana］と発音したらしい[37]。このことと関連して注目されるのは、ソグド文字で k'n' と読むことができるカウンターマークの存在である（R. Göbl, *Dokumente zur Geschichte der iranischen Hunnenn und Indien*, Wieabaden, 1967, vol. 4 : Table 9, no. 83）。綴り字から想定される発音は κανανο と同じである。このカウンターマークはペーローズ王の銀貨に追刻されている。

　ここではこのカウンターマークが追刻された、平野伸二氏所蔵のペーローズ銀貨（図10）と Alram（*Das Antlitz des Fremden*, Wien, 2016, p. 101）に掲載された銀貨（図11）を示す。

平野氏所蔵（図10）

Alram（2016. p. 101）（図11）

　これらの貨幣の表面には複数のカウンターマークが追刻されている。平野氏所蔵の貨幣では4個のカウンターマークが以下のような配置で追刻されている：1時 x'γ'n βγγ；4時 δšcy βγγ；6時 k'n'；10時 tkyn。Alram（2016, p. 101）では以下のような配置で追刻されている：3時 pyškwr；6時 k'n'；9時 δšcy βγγ。

　平野コレクションの καναυο の銘文のある貨幣の発行者は、独自の銅貨を発行すると同時に、ペーローズの銀貨にソグド文字で k'n' と表記したカウンターマークを追刻していたようだ。その場合、なぜ βησοτο の場合と異なり、バクトリア語の銘文をカウンターマークにしなかったのか、その理由は判然としない。しかし、ソグドの商業圏は周辺のコレズム語圏やバクトリア語圏にも及んでいたので、そのことを念頭に置いていたのかもしれない[38]。

　καναυο が支配した領域がどこであったかは興味深い問題だが、これもバクトリア語圏であったらしいという推測ができるだけである。ソグド語圏であっ

た Kanka で出土したという情報が正しかったとしても、１点ないし少数しか見つかっていないのであればあまり参考にできない[39]。従ってこれ以上の議論はできないわけだが、ここでは敢えて吉田の「思いつき」を記しておきたい。[kana] という発音の名前を持つ支配者としては、640年に即位した乙毘沙鉢羅葉護可汗の父親である伽那設が知られている。彼は639年に死んだ西突厥の沙鉢羅咥利失可汗の弟であった（内藤みどり『西突厥史の研究』東京，1988，pp. 195-97）。「設」は šad という称号を表し、突厥の可汗の子弟が帯びていた。西突厥の可汗の一族が、バクトリア語圏の国の支配者になっていた例としては、活国（Kunduz）の王になっていた咀度設が知られている。彼は統葉護可汗（位618?～628年）の長男で、玄奘が彼を訪問した630年には、高昌の麹文泰の娘と結婚していた。バクトリア語圏ではないが、サマルカンドには西突厥の可汗に即位する前の肆葉護可汗（咥力特勒）がいた。彼もまた統葉護可汗の息子であった。そして内藤（1988，pp. 219-26）によれば、638年に即位した乙毘咄陸可汗は咀度設の先妻の息子で、やはり吐火羅出身であったという[40]。

　このように西突厥の可汗家に属する伽那設が、バクトリア語圏のどこかの国で支配者であった可能性はある。実際現在のドシャンベ付近の Shuman には、玄奘の時代奚素突厥というトルコ系の民族が支配民族になっていた（吉田「貨幣の銘文に反映されたチュルク族によるソグド支配」『京都大学文学部研究紀要』57，2018，pp. 155-18, esp. pp. 173-74）。伽那設がそのような支配者になっていたとすれば、彼が支配する地域で発行した銅貨が、平野コレクションのこの貨幣であったとみなすことができるかもしれない。もとよりこれは単なる「思いつき」以上のものではなく、推測の上に推測を積んだ憶測に過ぎないが、支配者の名前の発音が同じであることと、その支配年がカウンターマークを追刻する時代として矛盾がないので、一つの可能性として提案しておくことにした。ところでこの伽那設は莫賀設の息子であったが、莫賀設自身は統葉護可汗に隷属する阿史那一族であった。興味深いことに、肆葉護可汗の死後、西突厥の混乱時代に乙毘咄陸可汗と対立しながら、唐の支援を受けて可汗を輩出したのはこの莫賀設の一族であった。この背景には武徳年間（618～626年）に、莫賀設が人質として唐に送られていたときに、即位前の太宗と義兄弟になったこ

とがあったのだろう（内藤1988, pp. 221-22）。この早い時期の西突厥と唐との関係の実情は不明だが、630年の春の段階で玄奘が砕葉で目撃した「漢使」は、この西突厥と唐の外交関係の存在を示すのであろう[41]。

5-2 突騎施のカウンターマーク？

　上で見た平野氏所蔵のペーローズ銀貨のカウンターマークには、x'γ'n βγy「可汗なる神（＝神なる可汗？）」や、tkyn「テギン、王子」いう銘文を読み取ることができる。この可汗は西突厥の可汗の可能性が高いと考えられる。西突厥の可汗や、その下の王子クラスの支配者が追刻したものであろう。西突厥の可汗の称号を刻した銅貨はよく知られている。タシケントの銅貨には tk'yn の称号を含むものが実際に存在している（吉田 2018）。pyškwr は、そういう名前の支配者がソグド語圏にいたことを示している。西暦600年頃の吐魯番出土文書には、これと同じ名前のソグド人男性（何卑尸屈）が確かに記録されている[42]。δšcy βγy は「創造主＝アフラマズダー」を意味する。この名前の支配者がいたとは考えられないから、アフラマズダーを祭る神殿が発行していた銅貨であったのかもしれない。

　このことと関連してやはり平野コレクションには、極めて希少な突騎施のタムガのカウンターマークが追刻されたペーローズ銀貨が収集されている（図12）。

（図12）

　突騎施は西突厥の十姓の一つで、7世紀の終わりから8世紀の前半にかけて、

西突厥滅亡後の後継者として絶大な勢力を持っていた。突騎施の銘文を持つ方孔銭は数多く出土しているから、これに対応する高額決済用の銀貨が存在したのかという問いは興味深い問題である。この突騎施のタムガを追刻した銀貨は、突騎施の領土内で流通していた方孔銭に対応する銀貨であったのかもしれない。その一方で、突騎施が勢力を振るっていたのは8世紀に入ってからなので、ホスローⅡ世銀貨やアラブササンコインではなくペーローズ銀貨に追刻されているのは不思議に思える。なお、この同じカウンターマークを追刻したペーローズ銀貨が、ペンジケント付近で実際に出土していることは注目される（П. Лурье и Б. И. Маршак, *Согдийские надписи из раскопок древнего Пенжкента сезона 2001 г.*, Санкт Петербург, 2002）（図13）。

（図13）

2つの例では δšcy βγy のカウンターマークも認められる。ペンジケント付近で出土したものにはさらに tkyn のカウンターマークも見られる。

5-3 怪鳥 prn のカウンターマーク：ソグド商人との関係？

カウンターマークが追刻されたササン式の銀貨には、ペーローズやカワードの時代の貨幣およびその模造貨幣、つまりエフタルの絶頂期のものと、ホスローⅡ世およびそれ基づくアラブササンコインの2種類を認めることができるようにみえる[43]。後者には翼をもつ獣の図柄がカウンターマークとして打刻してあるものがある。この怪鳥は口に数珠をくわえている場合が多いが、別に、口の所にソグド文字で書かれた prn という語を添えるものも見つかっている。平野コレクションにもこの種のカウンターマークを追刻したコインが見つかっている（図14）。近年 M. Compareti は、この翼を持つ獣は一般に言われているような怪鳥 synmrγ「セーンムルグ」でなく、prn の象徴であるとしている[44]。

97

（図14）

ところでこの銘文 prn を伴うカウンターマークを最初に発表したのは、Nikitin and Roth であるが、彼らは、このカウンターマークが追刻された時代と地域について以下のように言う[45]：

> All the coins with this countermark listed here could have been stamped at the end of the seventh century anywhere where the Sogdian language and script were flourishing, i.e. not only in the homeland of the Sogdian civilization in the valley of Zerafshan, in Bukhara or in Ustrushana, but also in Tokharestan and even in Northern India (Pakistan).

この場合、怪鳥のカウンターマークを追刻した発行者は誰なのであろうか？

　幸いこのカウンターマークを打刻した銀貨は、カシュガルの西のウチャで発見された退蔵貨幣に一定数見つかっている（山内和也・津村眞輝子『新疆出土のサーサーン式銀貨』（シルクロード学研究 19），2003）。1000枚弱の貨幣の発行年代から、これらは7世紀の終わりに秘匿されたと考えられる。これが発見された場所は、フェルガナ経由でタリム盆地に向かうソグド商人が使っていたルート上にある。ソグド商人の資産にこのカウンターマークを追刻したコインが一定数見つかるところから、このカウンターマークを追刻していたのは、ソグドのオアシス国家の1つであったと推定することもできるかもしれない。ソグドの場合は都市国家の連合であり、各都市国家は銅貨を発行していたが、銀

貨を発行する経済力がなかったとも考えられる。その一方でシルクロードの信用貨幣にもなり得る独自の銀貨を、自国から国外に富を流出させないために敢えて発行していなかった可能性がある。その点は de la Vaissière がその著書の中（影山訳『ソグド商人の歴史』p. 148）で述べている。そこに引用されているのは Narshakhi のブハラの歴史（の Frye の翻訳）のブハラホダート貨幣の発行をめぐる次の一節である：

The coins should be（such）that no one would take them from us nor out of the city, so we can carry on trading among ourselves with（this）money〈YY: i.e. Bukharakhuda coins〉,（Frye, Narshakhi, p. 36）

ブハラホダート貨幣は確かに銀貨だが、国際的な信用貨幣として使うには純度の点で問題があり、自国内だけで流通させていたのかもしれない。ウチャのコインの中にブハラホダート貨幣が見つからないことも、そのことを示唆しているようにみえる。

6　平野コレクションのコインから (2)：Turk Shah のコインに見える prn

　prn のカウンターマークについて、Nikitin and Roth（上掲論文）はソグド語圏を遠く離れたトカレスタンや北西インドでも見つかる可能性を指摘している。論文ではその根拠をあげないが、確かに罽賓（カピシー）から北西インドをも支配下に置いたトルコ系の Turk Shah のコインに prn という銘文が見えることがある。平野コレクションから例を示す（図15）。このコインは Type 314A として Vondrovec（2014, p. 637）で発表されている。そこに掲載された写真も示しておこう（図16）。平野コレクションでは見えにくいが、Vondrovec 2014に掲載されたコインでは、コインのウラ面の5時の位置にソグド文字で prn と刻まれている[46]。これはカウンターマークではない。平野コレクションでもつぶさに見れば、prn の痕跡は見える。N. Sims-Williams 教授はこのタイプのコイン5点（ここに掲載した Type 314A の写真を含む）の写真を提供して下さったが、すべてのコインで同じ位置に prn が確認できる。

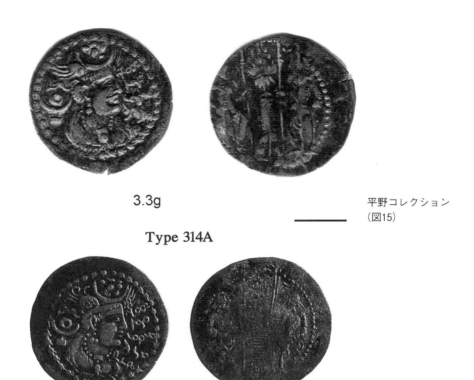

3.3g　　　　　　　　　　　　　平野コレクション
　　　　　　　　　　　　　　　　（図15）
Type 314A

（図16）

　この種のコインは、一般に Turk Shah のコインと呼ばれる一群のコインの一つである。オモテ面の銘文は草書体のバクトリア語で、Sims-Williams は χαδο/λαγο/ιαρνο/υιλιτο/βηρο と読んでいる（Vondrovec 2014, p. 637）。υιλιτο βηρο は古代トルコ語の称号の iltäbär に対応することが知られている。本来カピシ（罽賓）では Hun 系の王朝が続いていたが、7世紀後半にトルコ系の支配者が取って代わった。このトルコ系の支配者はハラジュ突厥であったことが論証されている[47]。玄奘の時代にはガズナとカピシの間の山中にいた目立たない存在であったハラジュ突厥は、7世紀の後半には、ザーブルとカピシの在地の王に仕える武装集団から、ついには在地の王に取って代わったのであった。ザーブルとカピシの王家は血縁関係にあったことも知られている。ハラジュはバクトリア語文書では χαλασο（すなわち Khalach）と表記される。貨幣では

ブラーフミー文字で kharalāca、漢文資料では、罽賓の場合「葛羅達支」、ザーブル（謝䫻）では「訶達羅支、葛達羅支」のように１音節多い名称になっているが、それは独特の疑似梵語化した形式とみなされよう（Yoshida 2003）。なおどちらの王もイルテベルの称号も帯びていた[48]。とりわけザーブルの王は有名で、イスラーム史料では Rutbīl と呼ばれていたことはよく知られている（Sims-Williams and Lee, "The antiquities and inscription of Tang-i Safedak", *Silk Road Art and Archaeology* 9, 2003, 159-184, esp. p. 166）。

　ところで上で見た Type 314A のバクトリア語銘文のうち、χαδο/λαγο に関して、草書体の文字では a と o の区別は後続の文字と接続するかどうかだけなので、行末に立つときは両者の区別はあいまいになる。また $γ$ と $σ$ はよく似た形の小さい文字で、垂線部分のわずかな湾曲の有無でかろうじて区別できる[49]。要するに吉田は χαδο/λαγο を χαδα/λασο と読んで、「訶達羅支、葛達羅支」と同一視することを提案しようと思っているのである。ιαρνο はこの支配者の名前だったのだろう[50]。「訶達羅支、葛達羅支」はザーブルの王の称号であり、「葛羅達支」はカピシの王の称号である。χαδαλασο はその限りでは、ザーブルの称号に一致し、カピシーの王の称号には一致しない。ただどちらもハラジュに基づいているので、この違いはそれほど重要ではないのかもしれない。いずれにしてもヒンドゥークシュの南のハラジュ突厥の王が発行するコインに、バクトリア文字の銘文以外に、ソグド文字で書かれた prn という語が追刻ではなく打刻されていることは注目される。

　同様にハラジュ突厥の王が発行したコインにソグド語の銘文が見える場合が別に知られている。Vondrovec（2014, p. 683）に見える Type 259 である（図17）。

Type 259

（図17）

ウラ面の９時の位置に βγγ、３時の位置に prn が見える。この場合も Von-

101

drovec はソグド語の語があることを認識していない[51]。

　たとえ prn という語 1 語とは言え、ソグドから遠く離れた国で発行された貨幣にソグド語の銘文があることは非常に不思議に思われる。しかしシルクロード上でのソグド商人の役割を考慮すれば理解できるように思う。実際、ソグドの隣国とは言え、独立した王国であったコレズムで発行された銀貨に、コレズム王の名前がソグド文字でも打刻されている例は良く知られている。最近 Zhang Zhan は "Sogdians in Khotan"（*The Silk Road Journal* 16, 2018, pp. 30-43）という論文で、西暦800年頃のコータンで、ソグド商人が支配機構に入り込み、税銭や税としての布帛の徴収に深く関わり、納入できない一般百姓に支配者機構を代表して高利貸しを行っていたことを明らかにしている。ソグド人がクチャやコータンで仏教寺院の財産管理を行っていたことは以前から知られていたが、それが国家レベルでも行われていた可能性が高い。ソグド商人が、国家レベルの戦争に出資していた可能性も指摘されている[52]。ヒンドゥークシュの南のハラジュ突厥の国家でも、ソグド人がいわば国家の「番頭」になっていた可能性を、このソグドの語の銘文は示唆する。ヒンドゥークシュの北のバクトリア語圏におけるソグド人のプレゼンスを示す証拠については吉田（上掲 2013年論文）及び宮本亮一（「ワフシュ神とラームセート神：バクトリア語文書から見たトハーリスターンにおける宗教事情の一側面」東洋哲学研究所（編）『シルクロード：仏教東漸の道』 1 巻, 2023）も参照せよ[53]。

余論：ハラジュ突厥の王のコイン

　この項目の最後に最近見つかったザーブル王のコインについてコメントしたい。下に掲載したのは F. Grenet, "A historical figure at the origin of Gesar of Phrom. Frum Kesar, King of Kabul（737-745）"（M. T. Kapstein and Ch. Ramble（eds.）, *The many faces of King Gesar. Tibetan and Central Asian studies in homage to Rolf A. Stein*, Leiden/Boston, 2022, pp. 39-52）の挿図3.1として提示されたコインである（図18）。Grenet の論文には、このコインが何処のコレクションであるかも含め、その由来については記載がない。上記の Type 314A などと同じハラジュ突厥の王のコインの一種であることは、王冠

や王の図像などから疑いがない。Grenet は銘文を κησαρο と混同したようで、これが φρομο κησαρο の本当の姿であるとしている。つまり φρομο κησαρο と言う名前が Khosraw II のコインの周囲に打刻されている場合は、一見すると Khosraw II のプロフィールが φρομο κησαρο のそれだと誤解される可能性があると考えたようだ。

（図18）

　この銘文は実際には ζηβορο と読むことができる。これがこの王の名前であったに違いない。『冊府元亀』「外臣部・通好」には開元二十六年（738）十月の記事に「謝䫻國王誓䫻卒、其子如没拂達嗣」とある。8世紀中頃にザーブル（謝䫻）の王として「誓䫻」と呼ばれる者がいたことが分かる。「謝䫻」が、アラビア文字で表記される Zābul(stān) / Zāwul(stān) の音写であることを考慮すれば[54]、「誓䫻」は zēbur/zēwur のような発音を写しており、その原語としてギリシア文字表記の ζηβορο を想定することができるだろう。問題は『冊府元亀』「外臣部・冊封二」の開元八年（720）九月の記事にある、「遣使、冊葛達羅支頡利發、誓屈爾、謝䫻國王」の「誓屈爾」との関係である。同じ王が問題になっている可能性が高いが、その場合には、表記の違いは、「誓屈爾」が疑似梵語化した形式で、「誓䫻」は原語の発音に忠実な音写であったとも考えられる。

おわりに

　本稿は、帝京大学文化財研究所がアク・ベシム遺跡で発掘したコインを、ソグドのコイン及びイスラーム化以前のシルクロード出土コインの中で位置づけるために発足させたプロジェクトの最初の成果の一つである。プロジェクトは、アク・ベシム遺跡が位置するチュー川流域で、イスラーム化以前に流通していたコインの全体像を明らかにすることが第一の目的である。旧ソ連圏に属する

103

キルギスでは、ソ連時代にもソ連崩壊後にも、イスラーム化以前に流通していたコインに関して相当の研究の蓄積がある。それによって、この地域は8世紀から10世紀にかけて200年ほどの間、シルクロード交易で繁栄しながら、周辺の国々からは独立して、独自の中国式方孔銭を使い続けていた地域であったことが明らかにされている。

　まずはそれらの先行研究を熟読吟味する必要があり、プロジェクトチームはロシア語で書かれている重要且つ必須の文献の日本語訳を準備した。本稿の前半は、そのような先行研究の成果を利用して、文化財研究所が発掘したコインを歴史的に解釈する初歩的な試みである。これとは別に文化財研究所は、ソグドのコインやシルクロードのコイン一般に関する研究を遂行するために、現在、日本国内の収集家のコレクションを分析しているが、後半はその過程で判明したいくつかの事柄や課題をまとめたものである。このコレクションは数量のみならずその質においても非常に優れており、国内でも屈指のコレクションである。研究所のプロジェクトの枠組みで、それらのコインの銘文や図像などの解明する作業と、金属の成分や製造技術に関する調査を行っている。その成果を搭載したカタログを出版することが最終的な目的である。本稿はその目的を達成するための最初の一歩と位置づけられる。

付録1：内藤先生が寄贈されたコインのリスト

　日本の西突厥史研究を牽引してこられた内藤みどり先生は、2021年7月に逝去された。その15年ほど前の2006年頃であったように思うが確信はない。先生は、大きな病を患って自分はもうこれらを研究することはないだろうからというようなメモとともに、先生が1990年代加藤九祚先生と共にキルギスでの発掘に従事しておられたときに収集されたコインを、当時京都大学に異動したばかりの吉田に寄贈して下さったように記憶している。先生のメモを見れば1993年および1996年にクラスナヤ・レーチカ遺跡の発掘に参加していたときに、ビシュケクとクラスナヤ・レーチカ遺跡で購入されたようである。吉田はこのコレクションを文化財研究所に寄贈し、成分分析などを行うことにした。ここに吉田に寄贈されたときに添えられていた、内藤先生のメモと共にその内訳を記録しておく。

内藤先生のコレクションと原メモ（太字は帝京大学文化財研究所で計測した重量とサイズ）

「吉田豊先生に」

No. 1 テュルギシュ貨幣第Ⅰ式裏に弓タムガ1996.9.3クラスナヤレチカ（裏面のメモ：1996.9.3クラスノレチェンスコエ）**6.08g 24.24×24.32**

No. 2 トゥルギッシュの弓形タムガ（印）第Ⅰ式径約24mm 重約5g 穴径約5m（裏面のメモ：ソグド文字・語銘「神なるトゥルギシュ可汗の銅銭」1993.8ビシュケク）**4.84g 23.84×23.94**

No. 3 トゥルギシュの弓形タムガ（印）第Ⅰ式径20.5mm 重約1.5g 穴径約5m（裏面のメモ：ソグド文字・語銘「神なるトゥルギシュ可汗の銅銭 pny」1993.8ビシュケク）**1.60g 20.7×20.8**

No. 4 テュルギシュ貨幣第Ⅰ式裏に弓タムガ1996.9.3クラスナヤレチカ（裏面のメモなし）**2.02g 20.7×21.3**

No. 5 テュルギシュ貨幣第Ⅰ式裏に弓タムガ1996.9.3クラスナヤレチカ（裏面のメモ：1996.9.3クラスナヤレチカ）**4.29g 23.5×23.6**

No. 6 ソグド語・銘第Ⅱ式裏ソグド文字〈銘文の翻字と訳〉「神なるトゥルギシュ可汗の pny」（裏面のメモ：ソグド語・銘ワナントマーフ王 wn'ntm'x xwβw 第Ⅱ式穴径約5mm 径約20mm 重2.5g 1996.9.3クラスナヤ・レチェンスコエ〈銘文の翻字とタムガの模写〉）**2.05g 20.6×20.7**

No. 7 ソグド語・銘第Ⅱ式裏ソグド文字径約1.8mm 四形辺約6mm 重さ約1.5g「神なるトゥルギシュ可汗の pny」〈タムガの模写：YY これはソグド語のβγy をタムガと見誤っている〉（裏面のメモ：1996.9クラスノレチェンスコエ：タムガの模写）**1.55g 18.1×18.8**

No. 8 ソグド文字のある小銭？ 不明1996.9.3クラスナヤレチカ（裏面のメモなし）YY：銘文はないように見えるがさび付いていて確認できない **1.16g 15.5×16.3**

No. 9 不明小銭径9mm 四角辺約3.5mm 約1g 以下不明1996.9.3クラスナヤレチカ（裏面のメモなし）**0.30g 9.4×10.5**

No. 10 開元通寶 唐 高祖 武徳４年（621）始鋳（裏面のメモ：1996.9.3ク

ラスノレチェンスコエ）**3.52g 24.8×24.9**

No. 11 開元通寳　唐　高祖　武德４年（621）始鑄（裏面のメモ：テュルギ
シュのタムガ？ナシ　1996.9.3クラスナヤレチェンスコエ）半かけ **2.38g**
16.5×24.5

No. 12 śrī ṣā hi 約2.5cm 2.5g AR cf. R. Göbl, no. 257タムガの模写（裏面のメ
モ：２拝火台２円 cf. 225　cf. 252. 225 Mingora で）**2.56g 24.4×24.9**

付録２：ソグド語文献中のコインを表す語彙と用例について

　本論文ではソグドのコインそのものを扱ったが、ソグド語文献にコインはど
のように現れているであろうか。現在まで残されているソグド語文献はそれほ
ど多くない上に、その中でも世俗文献は少ないので、文献の中にコインが言及
されることは多くない。以下に、文献ごとにコインがどのように現れているか
見てみることにしよう。

（Ａ）古代書簡

　敦煌の西の玉門関の西にある漢の時代の長城の烽火台のゴミ捨て場で、A.
Stein が発見した古い手紙は一般に「古代書簡」と呼ばれている。内容の分析
から、313年頃に敦煌や姑臧といった河西で書かれたと推定されている。そこ
から西に向けて発信された８通分の手紙で、そのうちの１通はサマルカンドに
いる受取人に宛てられたものであることが知られている。従来、その内の古代
書簡 IV, 3, 8 に在証される rwδk は、rwδ「銅」から派生した語で銅貨（あるい
はブロンズコイン）だと考えられており、付随する数字が800及び325であると
いう文脈もその解釈を支持する（de la Vaissière、影山訳、p.45）。西晋の時代
の中国で流通していた青銅製の五銖銭を意味しているのであろう。E. de la
Vaissière は、サマルカンドの共同経営者に当てられた手紙である、古代書簡
II, 42に在証される styrch を、重量を表す styr と区別して銀貨であると考えて
いる[55]。そして付随する数字が1000あるいは2000であることから、スタテル本
来の重量である16ｇの銀貨ではなく、５世紀までサマルカンドで発行されてい
た、ウラ面に射手の像を備えた銀貨のことで、この頃その重量は相当減ってい

て1g以下になっていたものがそれに当たるだろうとしている（de la Vaissière, 影山訳, p. 45）。下に平野コレクションの写真を掲載する。

サマルカンドの射手コイン

(B) ムグ文書

　ムグ山で発見されたいわゆるムグ文書は722年に殺害された、ペンジケント王デーワシュティーチュが、ムグ山の砦に籠城した時期の80点ほどの文書である。王と臣下の間の書簡以外に、契約文書や帳簿類も見つかっており、コインを表す語も在証されている。コインを表す語には、δrxm、δrxm δyn'kkn、pwx'r、pny の4種類がある[56]。

(a) pny

　pny は少額の銅貨（あるいは青銅貨）で、梵語の paṇa「（小）銭」からの借用語であり、バクトリア語でも παvo「小銭」として借用されている[57]。古代書簡の時代の rwδk に取って代わったと考えられる。pny は、ムグ文書ではБ-27だけに見られる。これは漢文文書（地籍）の紙背を利用して書かれた文書である。ゾロアスター教式の太陽暦ではなく、中国式の太陰太陽暦に従う日付と、銅銭の数量を羅列した帳簿である：（例）13 sγty 100 pny 14 sγty 30 pny 15 sγty 150 pny「13日100銭、14日30銭、15日150銭」。ムグ文書では、日付はこれ以外の文書ではすべて太陽暦に従っている上に、中国式の暦に従っているこの文書Б-27は、漢文の公文書が廃紙になってからそれを再利用して書いて

いるのであるから、中国で書かれた帳簿であったことはほぼ確実である[58]。従ってこの文書の pny は、開元通寶を指示していたに違いない。ムグ文書ではないが、ペンジケント遺跡で出土した陶片文書に pny の支出の記録があることが、Livshits によって報告されている[59]。この文書の pny は、サマルカンドあるいはペンジケントで発行された青銅の方孔銭を指示しているのであろう。

(b) pwx'r

3点のムグ文書に pwx'r と綴られる語が在証されている：A-5, ll. 4, 8, 15, 17; Б-2, l. 2; Nov. 1, l. 28[60]。Bogoljubov/Smirnova はすべての在証例を、人名と解釈している[61]。一方、Livshits 2015 は A5 に現れる4例のうち3例を、「ブハラ人」を意味するとし、残りの1例を「ブハラホダート貨」を意味する語と解釈している。なお Б-2 や Nov. 1 は Livshits 1962, idem 2015 において扱われていないので、Livshits がどう解釈していたかは分らない。Lurje も、A-5 の3例（ll. 4, 8, 17）を人名と見なし、1例（l. 15）は人名に含めていないので、Livshits と同じ解釈である[62]。その Lurje 2010 は、Б-2 と Nov. 1 の pwx'r を人名と考えている。テキストに即してみれば、Б-2 の例は曖昧で人名ともコインを表すとも解釈できるが、A-5, ll. 4, 8, 17 及び Nov. 1 の例はすべて人を指し示していることは明らかである。その一方で A-5, l. 15 は確かに、動詞「与える／支払う」の直接目的語になっていて、数字の「10」が先行しているので、コインを表していると解釈すべきであろう：rtms xwβw ZKn 'y-w t'zy-k(') pr'm'[y] 10 pwx'r δβrt「そしてまた、領主は一人の大食（イスラーム教徒）に 10 pwx'r を支払うように命令した」。一方 Bogoljubov/Smirnova（1963, pp. 51-53）は「領主は、一匹の大食（馬）（の代金）のために、pwx'r に 10（ドラクマ）を与えるように命令した」と訳している。ソグド語のシンタクスから見れば、Livshits の解釈が支持される[63]。

(c) δrxm

ムグ文書においては、コインを表す用語で最も頻繁に使われるのは δrxm である。δrxm- 自体は、Nov. 4, verso 8 'myδ δrxmh「このドラクマ」とあるよ

うに、軽語幹の女性名詞であるが、帳簿のような δrxm が頻出する文書では、しばしば活用語尾を備えない語幹の形式が使われる。一種の短縮形であろう。それ以外では数字や数詞が先行しており、数詞活用（numerative）の格語尾の -y(h)を伴っている。在証例では数百までの数詞が先行していて、通常の経済活動で支払われる金額に対応している。家畜や物品の対価として支払われる額は、A-5によってある程度知られる。例えば馬1匹は200ドラクマ、牛は11ドラクマ、靴1足は1ドラクマとある。一方で、木綿の織物は12ドラクマ、紙や絹織物は8ドラクマとあるが、売買された量が分からないので物価を知ることはできない。1件、B-14b には100 RYPW δrxmy「100万ドラクマ」とあるが、これは712年のサマルカンド講和条約で言及されている、サマルカンド側が支払うべき賠償金と関連するのであろう[64]。

(d) δrxmh δyn'kknh

　ムグ文書にある3点の契約文書B8, Nov. 3, Nov. 4 には、δrxmh δyn'kknh という表現が現れている。従来 δrxmh δyn'rk'h と読まれて、解釈が難しい表現であった。後に I. Yakubovitch が δyn'rk'h の読みに疑問を挟み、インターネット上の研究グループのサイト Sogdian-L に投稿し、最終的に N. Sims-Williams がこの読みを提案した。現在はこの読みが一般に受け入れられている[65]。しかし Livshits 2015は古い読みを撤回していない。ただ吉田が未発表のマニ教ソグド語文書にコインを表す δyn'k'n という語を発見し、もはや δyn'kknh の読みに疑義を挟む必要はない。

　B-8, ll. 11–12では、購入する墓地の価格を pr 25 δrxm δyn'kkny-h と表現している。δrxm は行末にあり、最後の m は y のようにも見える。本来数詞活用形 δrxmy を書こうとして書き切れなかったのであろう。Nov. 3 は有名な結婚の契約文書で、新郎が、別に愛人を作ったときに新婦に支払う慰謝料の額が30 δrxmyh δyn'kknh（Nov. 3, l. 20）と記されている。Nov. 4 は同じ結婚の契約にかかわって、新郎が新婦の後見人の一族と新婦に渡した誓約書で、新婦が新郎と別れたいと望んだときには、新婦をその後見人の一族に無事に返還することになっていて、それが履行できない場合に100 δrxmyh δyn'kknh を支払

うとしている。どちらの場合にも šyrh kr'nh「とても純度の高い（銀）」という修飾語を伴っている。Nov. 4 では当該の金子を後の方では単に δrxmh と呼んでいるから、通常は単に δrxmh と呼ばれていたが、契約文書という性格上、敢えて誤解がないように δyn'kknh という修飾語が添えられたのであろう。

　δyn は宗教を意味しそれから -ākān という接尾辞で派生しているのは、キリスト教ソグド語で、ビザンツ皇帝を意味する qysr から派生された qysrq'n「デナリウス金貨」[66)] と同じ派生方法である。ササン朝のドラクマ銀貨のウラ面には火の祭壇が刻印されている。そしてササン朝滅亡後も基本的に同じ規格・型式の銀貨が発行され、一般にアラブササン銀貨と呼ばれている。従ってササン式の銀貨で、ウラ面に火の祭壇があるものを δyn'kkn と呼んでいたと推定されている（de la Vaissière、影山訳、逆頁 pp. 32-33）。おりしもウマイヤ朝のカリフ 'Abd al-Malik（位685～705年）は、695年に通貨の改革を行い、ドラクマ銀貨のデザインを変え、重量も3g以下に減らした。従って、ムグ文書の時代4g程のササン式の銀貨を、新しい銀貨と区別する必要があったのであろう。要するに、ムグ文書で使われている δrxm は、基本的にササン式の銀貨を指しているが、特に必要と思われた場合に δyn'kknh という語が添えられたと考えられる[67)]。そして、上で推定したように pwx'r がブハラホダート貨幣を指しているとすれば、δrxm はそれとは区別されていたのであろう。サマルカンド地域に固有のブハラホダート貨幣は、少なくとも2種類が実際に知られている。一つは 'wr'kk（漢文史料の烏勒伽）の息子で、738年に即位したサマルカンド王 Twrγ'r（漢文史料の咄曷）が発行したものであり、もう一つはムグ山で発見された、特殊なタイプである。下に平野コレクションのサンプルの写真を掲載する。

ムグ山式ブハラホダート銀貨

帝京大学文化財研究所チームがアク・ベシム遺跡で発掘したコインをめぐって

Twry'r 王のブハラホダート
銀貨 2 点

（C）その他：トルファン、敦煌、コータン

　トルファン出土のキリスト教文献では、デナリウス金貨を意味する qysrq'n が知られていることは上で述べた。在証例については Sims-Williams 2021 を参照せよ。

　上で述べたようにトルファン出土のマニ教文献には δyn'k'n という語が見つかる。ムグ文書の δyn'kknh は、最終音節の母音が二次的に短くなっていることと、語中の無声音の [k] を表記するために、文字 k がダブっていることが異なるが、マニ教文献の δyn'k'n と同じ語である。δyn'k'n は未発表のマニ教の教会史の文献 So10100e verso 13 に、以下のような文脈であらわれる：rty pryšty w'nkw 'prs' kt c'βw z-y'my 'krtw δ'ry pry-myδ m'ny-st'nw oo rty 'm'yšw w'nkw pty-škwy o kt xii (1)[L](P)w δyn'k'n「（光の）使者（＝マニ）は尋ねた：「このマニ教の寺院にどれほどの出費をお前はしたのか」。Ama-Yišō は申し上げた「1万2千 δēnākān です」」[68]。おそらく原典の中世ペ

111

ルシア語ないしはパルティア語のテキストでは drhm/drxm とあったのであろう。この文献で興味深いのは、δyn'k'n という語の成立背景を考慮すれば、ソグド語訳が成立したのは 8 世紀前半以降であることが示されることであろう。マニ教ソグド語の言語は、仏教ソグド語のそれと比べてみたとき、同時代かそれより少し遅い印象を与えるがから、マニ教ソグド語文献の成立が 8 世紀前半以降であることに何ら驚くべき点はないのだが、それより早い時期ではありにくいことが示されるので、敢えて注意を喚起した。

　敦煌出土の仏教文献では、Pelliot sogdien 2, 847 に 1 例 pny が在証されている。この部分は漢文原典（『楞伽阿跋多羅寶經』）が知られていて、pny は原典の「銭」に対応している。なお敦煌出土の仏教文献は概ね 8 世紀の時代のものと考えられている。このテキストでイメージされている pny は開元通寶であろう[69]。

　トルファンのアスターナ出土の世俗文書では、639年に高昌国で書かれた女奴隷の売買契約文書が注目される。女奴隷の値段は、120 δrxm šyrw kr'nw p'rsxwstw「120ドラクマで、とても純度が高く、ペルシアで打刻されたもの」とある。ササン朝で発行された銀貨に限るとしていることは興味深い。低品質の模造貨幣も出回っていたのであろう。

　Bi Bo and Sims-Williams, *Sogdian Documents from Khotan in the Museum of Renmin University of China*, Beijing, 2018 は、近年中国人民大学の所蔵になったコータン出土の世俗文書の研究である。文書の時代は西暦800年頃だと考えられるという。その Nos. 1, 3, 4 に pny 及びそのバリアント形 pn'k が現れる。古く A. Stein が Mazar Tagh で発見した小断片（Or 821/1763）も類似の内容である。文書に見られる動詞の βyrt「手に入った」は銭の徴収、pr'δt（～pr't）「売られた」は物品の売買の記録であったことを示している。小断片だがソグド商人のコータンにおける活動の実際を記録したものとして興味深い。コータンでは人頭税が銅銭で徴収されていて、その徴収にソグド人が関与していたことがコータン語文書からも知られていることも想起させる。

　このコータン出土の文書で特に興味深いのは、文書 No. 4 に在証される ptkwk で、Bi Bo と Sims-Williams は、それが、1000枚の銅銭を紐で束ねたも

ので、漢語では「貫」と呼ばれているものに対応することを明らかにした。ソグド語の動詞 ptkwc「穴を穿つ」の名詞形で、「貫」を意訳したものである。彼らは、同じ時代のコータン出土のユダヤペルシア語の手紙に見える ptkw は、同じ意味で、ソグド語からの借用語であることも明らかにした。一方吉田は、この発見を受けて、イスラーム文献『中国とインドの諸情報1　第一の書』に見えるアラビア語の単語 fkkwj［fakkūj］はやはり同じ意味で、これもソグド語からの借用語であることを指摘した（「9世紀東アジアの中世イラン語碑文2件—西安出土のパフラビー語・漢文墓誌とカラバルガスン碑文の翻訳と研究—」『京都大学文学部研究紀要』59，2020，pp. 97-269、特に pp. 99-100）。吉田はさらに動詞 ptkwc は hapax で、魚釣りの文脈で使われ、「釣り針で引っかけて釣り上げる」を意味するように見えるので、それから派生した ptkwk の方は「貫」と同じ意味の「緡（原義は「釣り糸」）」の方に対応している可能性を指摘した。コータンでは人頭税として銭が徴収されたことから、徴収された銭は膨大な数になる関係で、「貫」を意味する語がコータン語文献にも頻出する。上でも述べたように、この税の徴収にはソグド商人が関与していた[70]。ただコータン語では、「1000」を意味する ysāra から派生した ysā'ca が使われていた。中国経済圏では、高額の決済にも青銅銭が使われていて、ソグド人商人もそれに従っていたことが知られる。無論、実際に膨大な量のコインが使われていたかどうかは疑問で、単に計数用に使われていた可能性も考慮されなければならない。

註

1 ）突騎施の可汗蘇禄の後継者のクールスールは、絹を部下への給料にしていたという記録がある（de la Vaissière 著・影山訳『ソグド商人の歴史』東京，2019，p. 245）。これはこの地域の高額決済通貨として、布帛が使われていたことを示唆する。その伝統は砕葉鎮に駐屯した兵士への給料が布帛によって支払われていたことに遡るであろうし、およそソグド商人が布帛を高額決済用の通貨としても利用していたこととも関係しているだろう。ここで問題にしているコインはすべて（青）銅製で、もとよりその価値は高くない。サイズも一定しないし、鉛の含有量も少なくないので、地金の価値も問題にならなかったであろう。下でも見るように突騎施のタムガを追刻したペーローズ銀貨が発見されており、銀貨が使われていた形跡もあるが、詳細は不明である。

2 ）キリスト教教会の発掘に関する報告は山内・岡田の翻訳がある：「スイヤブ（アク・ベシム遺跡）

のキリスト教会―第8号遺構：キリスト教会複合体―」『帝京大学文化財研究所研究報告』第19集、2020、pp. 247-319。出土コインのリストは316頁にある。

3）この論文の翻訳は以下の通り：A.M. カミシェフ著、山内・吉田訳「アク・ベシム遺跡遺跡で採集されたコイン資料」『帝京大学文化財研究所研究報告』第20集、2021、pp. 103-126。この翻訳は第2巻に再録してある。

4）弓形のタムガは、トルコルーン文字の「ät」と同一視されている、О. И. Смирнова, *Сводный каталог согдийских монет*, Москва, 1981, p. 61。

5）現在は wn'ntm'x xwβw と読まれている。下記参照。

6）G. Clauson, "Ak Beshim—Suyab", *JRAS*, 1961, pp. 1-13；護雅夫「いわゆるトゥルギシュの銅銭の銘文について」『古代チュルク民族史研究 II』東京、1992、pp. 187-199（初出は『三笠宮殿下還暦記念オリエント学論集』1975）。

7）上述した1点と、次の論文である：A.M. カミシェフ著「チュー川流域における中世初期コインの新発見」『帝京大学文化財研究所研究報告』第20集、2021、pp. 127-136。これらも第2巻に収録してある。

8）この間にはカルルクのコインもチュー川流域では発見された：Лурье П. Б., "Карлуки и яглакары в согдийской нумизматики Семиречья", *Древние культуры Евразии. Материалы международной конференции, посвященной 100 —летию со дня рождения А.Н. Бернштама*, СПб, 2010–С. 279-284；吉田豊「貨幣の銘文に反映されたチュルク族によるソグド支配」京都大学文学部研究紀要』57、2018、pp. 155-182。

9）この時代の「商胡」はもっぱら「ソグド商人」を指しているので、ここに言う「諸国」は、康国や安国などソグドの諸国を意味している。

10）発掘品の取り上げ番号。

11）発掘品の取り上げ番号。

12）P10は AKB15号地区の Pit 10を示す。

13）Tr2は AKB15号地区の Trench 2を示す。

14）ここの統計は、Type I、II、III の分類表（Kyzlasov et al. 1958の tables 1, 2, 3）によっている。出土コイン全体の表（pp. 146-150）によれば、数に違いがある。全体の表では、第1仏教寺院で出土したコイン143点のうち、不明は6点、カラハン朝のコインは90点、突騎施銭（=Type I）10点、突騎施グループ（= Type II +Type III）は35点である。厳密に分類できるコインと、破損して必ずしも帰属が定まらないものの扱いが異なるのだろう。なおここでは考慮していない Type IV は、βγγ 'rsl'n pylk' x'γ'ny pny の銘文のあるカミシェフの Ar-2 タイプである。

15）発掘されるコインは、（A）当該の遺構が建築される以前の層位、（B）建築時の層位、（C）遺構が放棄ないしは破壊されたときの層位（ここには遺跡が機能していた時代も含まれる）、（D）遺構が崩壊した後の層位で発見される可能性がある。

16）ここでは吉田が写真を参考にして乾元重寶に比定した。Zjablin は（Smirnova に従って？）大暦元寶に比定している。

17）破片の枚数の数え方の問題か、Semenov 2002の表（山内・岡田訳、p. 316）では総数が36枚となっている。城塞から出土した1点を除いた数字なのかもしれない。

18）獲得番号の下線は、備考欄に突騎施のタムガが見えるとあることを示す；ただし本文の記述によれば、直径が25mm、26mm のものはすべて突騎施のコインである。

19）原文では1.5mmとあるが、明らかに1.5cm=15mm の誤植であろう。

114

20）山内・岡田訳、p. 301。

21）山内・岡田訳、p. 250も、その翻訳の前書きで、部屋3における遺物の出土状況から、「カラハン朝時代には、教会はすでに機能を失っていた可能性が考えられる。現時点では、このキリスト教会の建設時期を明らかにする資料はないものの、セミョーノフが推定している「10～11世紀」頃という年代観については、今後の発掘調査等で発見される資料をもとに再考する必要があろう。」と述べている。

22）Kyzlasov 1958, p. 549によれば、1点、片面に「開元通寳」もう一方の面がβγγ twrkyš x'γ'n pny という銘文があるコインが、第2号地区で出土しているという。このようなコインが出土していることは興味深い。実際に、蔡啓祥『隋唐五代貨幣通覧』、台北2019、p. 61にそのようなコインが載録されている。こちらはマーケットで購入されたものであろう。

23）高昌吉利銭は吉田が図版から同定した。

24）高昌吉利銭は、初鋳が621年の開元通寳を模範にして鋳造されたコインであり、麴氏高昌国が滅亡した640年までしか発行されていなかったのであるから、長期間にわたって発行された開元通寳や突騎施銭とは異なり、製造された時代を特定する機能は高い。

25）バクトリア語文献にについて、とりあえずは以下を参照せよ：N. Sims-Williams, *New light on ancient Afghanistan: the decipherment of Bactrian*, London 1997, iv + 25 pp., 4 pl.〔Revised reprint in V. Hansen（ed.）, *The Silk Road: Key papers. Part I: The Pre-Islamic Period*, Vol. 1, Leiden 2012, pp. 95-114〕。日本語訳：ニコラス・シムズ＝ウイリアムズ（熊本裕訳）「古代アフガニスタンにおける新知見」『Oriente：古代オリエント博物館情報誌』1997/12, pp. 3 -17.

26）Y. Yoshida, "First fruits of Ryūkoku-Berlin joint project on the Turfan Iranian manuscripts." *Acta Asiatica* 78, 2000/3, pp. 71-85, esp. p. 83. 図の左側の銘文は7時の位置から反時計回りに10時の位置までwn'ntm'x xwβw と読まれる。9時の位置にあるのはタムガである。右側では、9時の位置から反時計回りにβγγ twrkyš x'γ'n pny と読まれる。

27）吉田豊「貨幣の銘文に反映されたチュルク族によるソグド支配」『京都大学文学部研究紀要』57, 2018, pp. 155-182. 実際には Lurje は、吉田が xcy「～である」と読む語を x'y と読んで称号の一部と考えている：Лурье П. Б., "Карлуки и яглакары в согдийской нумизматики Семиречья", *Древние культуры Евразии. Материалы международной конференции, посвященной 100 - летию со дня рождения А.Н. Бернштама*. СПб, 2010 – С. 279-284.

28）図の左側では、10時の位置から反時計回りに yγl-'xr xwβw pny xcy、右側では1時の位置から反時計回りに prnxwnty wβ't と読まれる。3時の位置にはタムガが見える。東ウイグル可汗国のコインがチュー川流域でみつかる歴史的背景についての議論については吉田（上掲論文）を参照せよ。

29）trδw という銘文はタムガの右側4時の位置から2時にかけて反時計回りに刻まれている。タムガの左側は、逆に7時の位置から10時の位置に時計回りに刻まれている。

30）prn は4時から1時にかけて、βγγ は1時から11時にかけて、r'm は10時から8時にかけて反時計回りに刻まれている。

31）吉田豊「中国、トルファンおよびソグディアナのソグド人景教徒―大谷探検隊将来西域文化資料2497が提起する問題―」入澤崇・橘堂晃一（編集）『大谷探検隊収集西域胡語文献論叢仏教・マニ教・景教』京都2017, pp. 155-180参照。

32）実際ブハラでは βγγ r'mcytk「ラーム神の精霊」という銘文のコインが見つかっている。これもラーム神を祭る神殿が発行していたのであろう。またペンジケントでは pncy nnδβ'mpnh「ペンジ

ケントのナナ女神」の銘文があるコインが発行されていた。一般にはデーワシュティーチュのコインとされるが、発行母体は、ナナ女神を祭るペンジケントの第 2 神殿であったように見える。以下に平野コレクションの写真を掲げる。

r'mcytk 貨　　　　　　　　nnδβ'mpnh 貨

33）津村眞輝子氏は、2022年 1 月22日に開催された、帝京大学文化財研究所主催のシルクロード研究会の発表において、countermark に対して「後刻印」という用語を使うことを提案された。それを使うことも考えられよう。

34）N. Sims-Williams, 'The Arab-Sasanian and Arab-Hephthalite coinage: a view from the East.' *Islamisation de l'Asie centrale. Processus locaux d'acculturation du VII*^{e} *au XI*^{e} *siècle*（Cahiers de Studia Iranica, 39, ed. É. de la Vaissière）, Paris, 2008［2009］, pp. 115-130; N. Sims-Williams, 'The Bactrian era of 223 C.E. — some numismatic considerations.' *Sichou zhilu guguo qianbi ji silu wenhua guoji xueshu yantaohui lunwenji*（*Proceedings of the Symposium on Ancient Coins and the Culture of the Silk Road*）, ed. Shanghai Museum, Shanghai: Shanghai shuhua chubanshe, 2011［2012］, pp. 62-74.

35）『新唐書』の「地理志」（標点本 p。1137）には「奇沙州都督府，以護時犍國羯蜜［=Ambēr］城置。領州二。沛隸州以漫山城置。大秦州以叡蜜城置。」とあって、Guzgan があった奇沙州には他に 2 州があったことがわかる。この点については吉田豊「バクトリア語文書研究の近況と課題」『内陸アジア言語の研究』28，2013，pp. 39-65, esp. pp. 50-51も参照せよ。

36）吉田豊「ファヤズテパ壁画に添えられたバクトリア語銘文の書体による年代判定および関連する問題について」影山悦子他（編）『ウズベキスタン南部ファヤズテパ遺跡出土初期仏教壁画の保存修復と研究』2，2022，pp. 37-71，特に pp. 45-49参照。なお、本論文の後半部は、一部この論文の議論に基づいている。

37）καναυο 自体は在証されないが、バクトリア語文献で知られている人名の καναγο のバリアント形（実際には語末の母音に後続する［g］が弱化した形式）かもしれない。Sims-Williams（2010：75）によれば、この人名はソグド文字で k'n'kk、k'nk と表記される人名と同じであるという。語末の -Vg# が -υo に変化する事例はよく知られている（Sims-Williams, *BAI* 30, 2021, p. 71）。ただしこの場合は後に示すように、対応するソグド文字表記の形式は k'n' であるようなので、たまたま発音が同じで、来源が異なる人名ではないかと思う。

38）バクトリアやコレズムがソグド商人の商業圏に入っていたことは de la Vaissière もその著書の中（影山訳『ソグド商人の歴史』2019，p. 156）で述べている。

39）平野氏によれば、図 9 のコインは北トカリスタンで見つかったと伝えられているという。

40）北トカリスタンで発行されるコインに見られるタムガが、タシケントで見つかるコインに打刻された西突厥の支配者のタムガと一致する事態も（G. Babayarov, 'On the relations between the rulers of

Chach and Tokharistan in the Pre-Islamic period", *Archivum Eurasiae Medii* Aevi, 23, 2017, pp. 5 -20)、当時のトカリスタンの王たちの一部が突厥系であったことと関連するのであろう。

41）『慈恩伝』の当該の部分は以下のようにある：須臾更引漢使及高昌使人。入通國書及信物。可汗自目之甚悦。（『大正大蔵経』50巻、227b12-14）「しばらくして（可汗は）さらに漢使と高昌の使人に引見した。彼等は入ってきて、国書と贈物を奉った。可汗は親しく此を見て非常に喜び、…」（長沢訳1985, p. 41）。

42）吉田豊「ソグド語雑録 IV」『内陸アジア言語の研究』10．1995．pp. 83-84参照。

43）これは吉田の印象だけではなく、長年、このカウンターマークを研究しておられる津村眞輝子氏の、Göbl 1967, vol. 2, p. 117に基づく見解でもある（津村眞輝子「サーサーン式銀貨にみられる後刻印」、『帝京大学文化財研究所2021年度シルクロード学研究会資料集』、pp. 53-60, esp. pp. 55-56）。

44）M. Compareti, "Simurgh or Farr? On the representation of fantastic creatures in the Sogdian "Rustam Cycle" at Panjikent," *Inner and Central Asian Art and Archaeology* 2, 2019, pp. 63-90。

45）A. Nikitin and G. Roth, "A new seventh-century countermark with a Sogdian inscription", *Royal Numismatic Chronicle*, vol. 155, 1995, pp. 277-279。

46）Vondrovec（2014：637）は裏面に銘文は存在しないとしているが誤りである。

47）Y. Yoshida［Review］, N. Sims-Williams, *Bactrian documents from Northern Afghanistan1. Bulletin of the Asia Institute*, 14, 2000［2003］, pp. 154-159；稲葉穣「アフガニスタンにおけるハラジュの王國」『東方学報』76．2004．pp. 313-382。

48）闍賓の王の場合はNumH208の銘文から知られる：Skt. śrī hitivira kharalāva parameśvara śrī ṣāhi tigina deva kārita 'His perfection Iltäbär of Khalaj, devotee of the highest divinity, the perfect（?）King, the Sahi Tegin Lord had made this［coin］（Vondrovec 2014, p. 656）。ザーブルの支配者の場合は、アラビア語史料以外に、『新唐書』の記事から「頡利發」という称号を帯びていたことが知られる。なお、Yoshida（2003: 156-57）、Sims-Williams（*Bactrian documents from Northern Afghanistan*, Vol. 2：Letters and Buddhist texts, London, 2007, p. 277a）は kharalāva を kharalāca と読み、「葛羅達支」などと同様 χαλασο の疑似梵語形と考えたのであった。そしてそれが Turk Shah がハラジュ突厥であったとするその後の認識の出発点であったので、Vondrovec が "Khalaj" と翻訳しながら kharalāva と転写するのは不可解である。

49）吉田との電子メールのやりとりの中で、この点について Sims-Williams 教授は、わずかな屈曲が見られるので、σ より γ の読みが支持されるが、差異は微細で σ の読みは排除できないとされた。ちなみにバクトリア文字の σ には［s］以外に破擦音［ts, č］の音価もあった。

50）8 世紀の悟空が、カシミールにあったと報告している、突厥が建造した也里特勤寺（稲葉穣「8世紀前半のカーブルと中央アジア」『東洋史研究』69/1, 2010, pp. 174-151, esp. p. 160）の「也里」は ιαρνο［yarn］に微妙に似ている。

51）どこで発行されたものかは不明だが、ササンの銀貨の模造貨幣にソグド語の prn が打刻されている例もある（Vondrovec 2014, p. 435 Type 295A）。この場合もウラ面の 3 時の位置に prn が見える。Vondrovec 自身は "corrupted mint signature" であるとしている。

Type 295A

52) アラブ軍に出資したソグド商人ついては、de la Vaissière、影山訳 p. 247を参照せよ。チベットとウイグルのカシュガルでの戦役にユダヤ教を信仰するソグド商人が出資していた可能性については吉田「コータンのユダヤ・ソグド商人？」土肥義和・氣賀澤保規編『敦煌・吐魯番文書の世界とその時代』東京，2017．pp. 263-285を参照されたい。

53) サマルカンドの trxwn のコインがスーサで発見されていることや（Livshits, *Sogdian epigraphy*, London, 2015, p. 164, n. 32)、'wr'kk のコインがアラブ首長国連邦のシャルジャでも発見されていることも参考になる（MIHO MUSEUMの展示目録『文明をつなぐもの中央アジア』2022．pp. 184, 277)。

54) 吉田「138社護羅薩他那」、桑山正進（編）『慧超往五天竺國傳研究』京都：京都大学人文科学研究所，1992．pp. 135-141。

55) 古代書簡 II, 56では、省略形の s で表記されている。手紙の翻訳は de la Vaissière，影山訳．pp. 33-34にある。［本稿脱稿後に N. Sims-Williams, *Early Sogdian*, London, 2023が出版され、古代書簡のテキストや翻訳の最新版が発表されている。そこでは（ibid. pp. 37-38) では、styrch は styr 同様「スタテル」を意味すると考えている。ただし先行する数字の部分が破損していて、この解釈にも問題があると考えているようである。しかしこの de la Vaissière の解釈は考慮されていない。］

56) Livshits, *Sogdian epigraphy*, London, 2015にはムグ文書に現れるコインを表す語に関する註釈が2箇所に見られる、pp. 31, 164。

57) 中国語の「分」からの借用語だとする説が、旧ソ連圏の研究者の間に強く残っている。梵語に由来するとする説は W. B. Henning, *BSOAS* 11, 1946, p. 723にある。

58) このことは吉田豊「ソグド文字で表記された漢字音」『東方学報京都』66, 1994/3, pp. 380-271, esp. p. 304, n. 12において既に指摘しておいた。ソグドでは中国の故紙を輸入して使っていたという誤った見解が、この文章にもとづいて行われているのは残念である。

59) Livshits, 2015, p. 31, n. 48。

60) P. B. Lurje, *Personal names in Sogdian texts*, Vienna, 2010, p. 316は B-6b verso 1 にも在証されるとするが、破損部で読みは確定しない。

61) М. Н. Боголюбов и О. И. Смирнова, *Согдийские документы с горы* Муг, III, Москва, 1963, p. 98。

62) Lurje 2010, pp. 315-316。

63) 文書 A-5 では、支払われる金子はこの箇所以外はすべて δrxm であることから、この解釈にもいくらか難点が存在することは事実である。

64) Livshits, 2015, pp. 106-107。条約については、de la Vaissière，影山訳．p. 244も参照せよ。条約によれば200万ドラクマが賠償額であった。別の伝承では千万ドラクマとある。

65） de la Vaissière，影山訳，逆頁 pp. 32-33 も参照せよ。

66） N. Sims-Williams, *A Dictionary: Christian Sogdian, Syriac and English*, Wiesbaden, 2021, p. 99。

67） 新疆ウイグル自治区のカシュガルの西、ウチャで発見された900枚以上の秘匿銀貨は、すべてササン朝の銀貨かアラブササン式で、7世紀の終わり頃に秘匿されたらしい。発見された場所と時代から、事故に遭遇したソグド商人が隠したものに違いない。それらはまさに δynʾkknh である。

68） Yoshida, review article, *Indo-Iranian Journal* 51/1, 2008, pp. 51-61, esp. p. 57。

69） Pelliot sogdien 19, 8 には pny が2例見られるが、実際には pny-xrʾy と読むべき語の一部である、Henning, *BSAOS* 11, 1946, p. 723, n. 1。

70） Zhang Zhan, "Sogdians in Khotan", *The Silk Road Journal* 16, 2018, pp. 30-43。

アク・ベシム遺跡出土のコイン

帝京大学文化財研究所　藤澤　明

帝京大学文化財研究所　三浦麻衣子

帝京大学文化財研究所　竹井　良

はじめに

　2018年よりアク・ベシム遺跡から出土した金属製品の一部を帝京大学文化財研究所に移送し、必要な保存修復処置を行った後、現地に返却している。本発表は、保存修復の中で得られた科学的調査結果について報告する。また、筆者のうち竹井は、修士論文研究において中央アジアの他の遺跡から採取されたコイン資料の調査を行っている。比較対象としてその結果の一部を示す。

1　対象資料と分析方法

　保存修復の対象とした資料には鉄製資料を含むが、ここでは40点の銅合金製資料について、使用された材料の特徴を検討した。最も高い検出率である器種は、コインもしくはコイン状の金属器であり、図1に示す15点である。調査対象としたコイン類は、図2に示すように打刻もしくは無孔の西方式コイン、漢字銘があり鋳造製の中国式コイン（開元通宝）、ソグド語銘があり鋳造製の在地式コインがある。次に多いのがビーズやブレスレットなどの装飾品であり、8点である。その他は素材もしくは制作時の端材と考えられる棒状や板状の金属器が多い。

　保存修復処置において付着物を除去した後、蛍光X線分析計（Innov-X Systems DELTA PREMIUM DP-4000, Ta管球）による元素分析を行った。また、クリーニングにおいて分離した錆試料が得られた場合は、表面電離型質量分析計（Finnigan MAT262）を用いて鉛同位体比測定を行った。

シルクロードのコイン 1

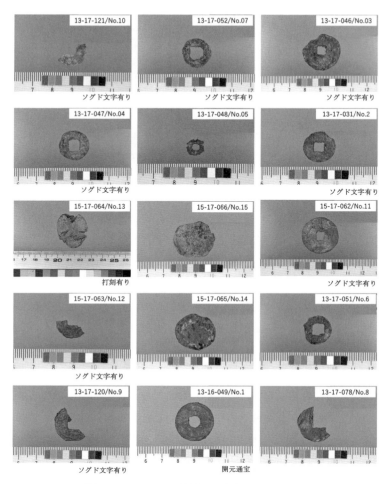

図1　アク・ベシム遺跡から出土したコイン類

2 結果と考察

2-1 合金種

　蛍光X線分析より得られた半定量結果から合金成分を抽出し、合金成分の合計が100％になるよう再計算した。これを表1に示す。検出された特徴的な元素を太字にしているが、錫（Sn）については他資料からの付着が考えられるため、1％以上の場合に合金成分と判断した。亜鉛（Zn）と鉛（Pb）については銅鉱石に不純物として含まれることが多いため、同様に1％以上の場合に合金成分とした。

図2　アク・ベシム遺跡から出土したコインの分類
(a) 西方式, (b) 中国式, (c) 中国式コインのX線透過像, (d) 在地式, (e) 在地式コインのX線透過像

　同定された合金種は、A 純度の高い銅、B 鉛を含む銅、C 鉛が多い銅（鉛含有量が10％以上）、D 青銅、E 鉛を含む青銅、F 鉛が多い青銅（鉛含有量が10％以上）、G 真鍮、H 鉛を含む真鍮、I 銅を含む鉛、J 銅と錫を含む鉛、K 銅-鉛-錫-亜鉛の11種に分類できる。鉛を多く含むC、F、I、J、Kに分類された資料の多くはコインであり、合金成分の含有量に大きく差異がある。

　コイン類について鉛と錫の含有量を図3（a）に示す。西方式資料はほとんど錫を含まず、鉛と銅で構成されている。鉛量が60％を超える鉛貨もあるが、少ないもので約28％と幅が大きい。一方で、明確な中国式は1点であるが、錫を含み比較的鉛量が少ない。在地式は、鉛量がばらつくという西方式の特徴と、錫を少量含む中国式の両方の特徴を持っている。青銅に安価な鉛を多く足すことで銅を節約して製造していたと考えられる。

　中央アジア出土の他のコインの鉛と錫の含有量を図3（b）に示す。アク・ベシム遺跡出土のコインと同様に、在地式では鉛量がばらつき、錫を少量含む特徴があり、比較して中国式では、鉛量が少なく錫量が多い傾向がある。よってアク・ベシム遺跡周辺だけでなく中央アジアの広い地域で、青銅に鉛を足し

てコインを製造していた可能性がある。

　現在までに、アク・ベシム遺跡出土の中国式コインは「開元通宝」の1点である。本資料は、方孔であるはずの部分が丸く、図2（c）のX線透過像から明確な郭（孔周辺の凸部）が観察できない。カミシェフ氏により在地で作られた可能性が指摘されている。そこで、化学組成の点から、生産地の推定を試みた。他地域で出土した「開元通宝」に含まれる錫と鉛含有量を比較し、図4に示す。「開元通宝」は流通期間が長く、複数の場所で製造されたと考えられており、その成分の偏差が大きい。錫の含有量に着目すると、北京収蔵の資料で

表1　アク・ベシム遺跡から出土した資料の蛍光X線分析による半定量結果

報告書番号	コイン番号	保存処置番号	資料形態	推定年代	検出された合金および不純物元素						推定された合金種
					Cu	Sn	Zn	Pb	As	Sb	
13-18-071	—	TK33	不明金属製品（棒状）	8C後半-9C後半	99.7	0.0	0.3	0.0	0.0	0.0	A
15-19-173	—	TK47	鋲片か	11C前半	99.6	0.0	0.3	0.1	0.0	0.0	
19-19-004	—	TK53	容器片か	不明	98.4	0.3	0.5	0.9	0.0	0.0	
15-17-068	—	TK15	不明金属製品	10C-11C?	99.6	0.0	0.3	0.1	0.0	0.0	
15-19-197	—	TK50	把手	7C末-8C初?	98.3	0.5	0.0	1.2	0.0	0.0	B
15-19-172	—	TK46	不明金属製品	11C前半	97.1	0.0	0.5	1.9	0.4	0.1	
15-19-169	—	TK45	鋲具馬具か	11C前半	72.5	0.7	0.5	25.9	0.3	0.1	C
13-19-031	—	TK40-1	不明金属製品	10C-11C	87.8	0.0	0.4	11.8	0.0	0.0	
13-17-119	—	TK07	溶融滓	10C-11C?	69.2	0.1	0.3	30.3	0.1	0.0	
13-17-031	No.2	TK12	コイン（ソグド）	9C?	61.9	0.9	0.2	36.8	0.0	0.0	
15-17-066	No.15	TK16	コイン	10C-11C?	53.2	0.0	0.1	46.6	0.1	0.0	
15-17-063	No.12	TK18	コイン（ソグド）	10C-11C?	62.9	0.9	0.2	35.8	0.0	0.3	
15-17-065	No.14	TK20	コイン	10C-11C?	71.3	0.1	0.2	28.1	0.0	0.3	
13-17-120	No.9	TK26	コイン	8C-9C?	86.8	0.7	0.0	12.5	0.0	0.0	
13-17-078	No.8	TK31	コイン	8C-9C?	56.4	0.0	0.2	43.5	0.0	0.0	
—	—	TK35-2	破片	10C-11C?	89.9	9.3	0.7	0.0	0.1	0.0	D
15-18-019	—	TK37	ボウル	10C-11C?	85.9	13.0	0.7	0.2	0.2	0.0	
13-17-122	—	TK23	不明金属製品	?	98.4	1.3	0.1	0.2	0.0	0.0	
13-17-093	—	TK25	溶融滓	?	98.6	1.1	0.3	0.0	0.0	0.0	
13-19-043	—	TK41	ピンか	8C-9C?	92.1	3.4	0.6	3.6	0.2	0.1	E
13-17-118	—	TK01	ピンか	10C-11C?	86.3	5.5	0.6	7.3	0.0	0.0	
13-17-050	—	TK06	ビーズ	10C-11C?	96.4	1.4	0.0	2.2	0.0	0.0	
13-17-080	—	TK27	不明金属製品	8C-9C?	89.7	1.1	0.1	9.1	0.0	0.0	
13-17-047	No.4	TK09	コイン（ソグド）	10C-11C?	55.0	2.2	0.1	42.6	0.0	0.0	F
13-17-048	No.5	TK10	コイン	10C-11C?	61.4	1.3	0.0	37.2	0.0	0.0	
15-17-062	No.11	TK17	コイン（ソグド）	10C-11C?	56.5	1.3	0.0	42.1	0.0	0.1	
13-17-051	No.6	TK21	コイン	10C-11C?	52.4	1.8	0.0	45.7	0.0	0.1	
13-18-177	—	TK34-1	ブレスレット	10C-11C?	88.7	0.4	10.3	0.6	0.0	0.0	G
13-18-176	—	TK34-2	ブレスレット	10C-11C?	88.4	0.8	10.2	0.5	0.0	0.0	
13-18-178	—	TK32	不明金属製品（棒状）	10C-11C?	87.5	0.9	8.5	2.8	0.2	0.0	H
13-18-070	—	TK35-1	指輪	10C-11C?	82.6	0.0	13.3	4.1	0.0	0.0	
15-18-020	—	TK38	不明金属製品（板状）	10C-11C?	81.1	0.2	12.5	5.6	0.0	0.0	
15-17-067	—	TK19	環状製品	10C-11C?	85.2	0.1	13.6	1.0	0.0	0.0	H+金層
13-17-052	No.7	TK05	コイン（ソグド）	10C-11C?	37.8	0.6	0.0	61.5	0.0	0.0	I
13-17-046	No.3	TK08	コイン（ソグド）	10C-11C?	48.0	0.3	0.0	51.6	0.0	0.0	
15-17-064	No.13	TK14	コイン	10C-11C?	35.2	0.0	0.1	64.3	0.0	0.5	
13-17-121	No.10	TK02	コイン（ソグド）	10C-11C?	22.7	3.1	0.0	74.1	0.0	0.0	J
13-17-049	—	TK11	不明金属製品	10C-11C?	86.7	1.5	7.0	4.7	0.0	0.0	K
13-16-049	No.1	TK30	コイン（開元通宝）	9C-10C?	70.6	1.5	1.3	26.6	0.0	0.0	

合金種：A純度の高い銅、B鉛を含む銅、C鉛が多い銅（鉛含有量が10%以上）、D青銅、E鉛を含む青銅、F鉛が多い青銅（鉛含有量が10%以上）、G真鍮、H鉛を含む真鍮、I銅を含む鉛、J銅と錫を含む鉛、K銅-錫-亜鉛

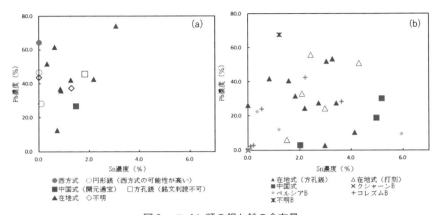

図3　コイン類の錫と鉛の含有量
(a) アク・ベシム遺跡出土のコイン類，(b) 中央アジア出土のコイン類

は平均7％程度であり、日本や寧夏回族自治区で出土した資料はより錫量が高い傾向がある。つまり中国中央部とその外縁部では組成に違いがある。一方で、アク・ベシム遺跡や中央アジア出土の資料は、明らかに他の資料群より錫量が少ない。これは中国中央部で製造された物ではなく、在地生産の「開元通宝」である可能性を示している。今後、鉛同位体比測定を行い、材料産地の推定を行う予定である。

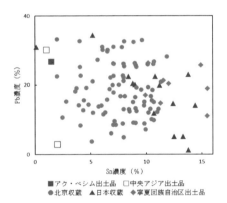

図4　開元通宝に含まれる錫と鉛の含有量
（他地域の測定値は周卫荣2004より引用）

2-2　材料産地推定

コインについては錆の除去を行っていないため、鉛同位体比の測定は行っていない。鉛塊、ブレスレット（TK34）、指輪（TK35-1）、把手（TK50）の4点について測定を行った。また、キルギス共和国やウズベキスタンにおいて、主に後期青銅器時代の遺跡から出土した資料の調査を行っている。この結果と

併せ、図5に示す。アク・ベシム遺跡出土資料（図中のAKB）は、把手を除き、天山山脈周辺資料と近い鉛同位体比を示す。これは在地の材料が使用されたことを示している。ただし、ブレスレット（TK34）は有意義な量の鉛を含まないため銅材料の産地を、指輪（TK35-1）は鉛を添加していると考えられるため鉛産地を示している。一方で把手（TK50）については、華北領域の同位体比に近く、他の資料とは材料産地が大きく異なる。華北領域の材料は、後漢時代以降は使用されることがなくなることが指摘されており、現段階では不明産地としておく。本資料は他の資料に比べ古い層から発掘されており、7世紀後半から8世紀初頭に遡る。時期によって流通経路が変化した可能性がある。

キルギス共和国のナリン川流域に位置する紀元前18〜17世紀の埋葬施設であるアイグルジャル遺跡群から出土した資料の鉛同位体比（図中のAGZ）に着目すると、アク・ベシム遺跡出土の資料と同様に天山山脈周辺の材料が使用されていることが分る。これらの資料は鉛を含まないため、この結果は銅鉱石の産地を示している。よって後期青銅器時代にはすでに天山山脈周辺で鉱山開発が行われており、在地材料が広く流通していたことを示している。

以上から、把手（TK50）は外部から持ち込まれた資料である可能性が高く、その他の資料は天山山脈周辺の材料が使用されていることから在地生産品であ

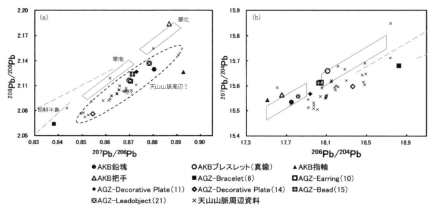

図5　アク・ベシム遺跡およびアイグルジャル遺跡出土金属資料の鉛同位体比分布
　　（a）A式図, （b）B式図（天山山脈周辺資料の測定値は平尾良光氏提供）

ると考えられる。

3 まとめ

　これまでの調査においてアク・ベシム遺跡出土の銅合金製資料には、様々な合金種が使用されていることが明らかとなった。その中でもコイン類は鉛含有量が高いという特徴を持つ。中央アジアでは、同時期に様々な様式のコインが流通していたことが明らかとなっている。流通コインとしての要件が直径や重量であった可能性があり、材質は厭わなかった可能性がある。このため、鉛を足すことで安価に重量を合わせることが行われたのであろう。コイン類の鉛同位体比を用いた産地推定はこれからであるが、組成から考えると、在地式および中国式は、中央アジアで生産された可能性が高いと予測している。一方、西方式コインについては、その利用目的も含め検討していく必要がある。

参考・引用文献

周　卫荣，2004，中国古代钱币合金成分研究．中华书局，pp48-54

藤澤　明，久米正吾，Abdykanova Aida，Akmatov Kunbolot，Soltobaev Orozbek，Tabaldiev Kubatbek，2019，キルギス共和国アイグルジャル3遺跡出土銅合金製資料に用いられた材料とその流通，文化財保存修復学会第41回大会要旨集，pp194-195

三浦麻衣子，藤澤　明，2019，アク・ベシム遺跡出土の金属製品の保存修復，帝京大学文化財研究所研究報告，18，pp99-116

藤澤　明，三浦麻衣子，2020，2019年度アク・ベシム遺跡出土の金属製品の保存修復処置と使用された銅合金種，帝京大学文化財研究所研究報告，19，pp177-192

藤澤　明，2021，銅合金利用からみる冶金技術とその伝播，アグネ技術センター，金属，91，No.9，pp785-790

　本稿は2020年1月22日・23日に帝京大学文化財研究所で開催されたシルクロード学研究会の資料集に掲載した発表要旨であり、その後に出版された報告書等に合せ資料番号を修正したものである。

中央アジアのコインの材料と鉛同位体比からみたイスラーム化以前の金属流通

帝京大学文化財研究所　**竹井　良**
帝京大学文化財研究所　**藤澤　明**

はじめに

　シルクロード交易の中継地として栄えた中央アジアでは東西の影響を受けた様々なモノがみられる。その1つがコインである。中央アジアでみられるコインは大きく2種類に分かれる。1つはギリシアやローマ、イランなど中央アジアからみて西方に位置する地域を中心に発行された、打刻製のコイン（以下、西方式とする。）である。もう1つは中国を中心に東アジアなどで発行された、鋳造製の方孔円銭（以下、中国式とする。）である。後者の中国式のコインが中央アジアで鋳造、流通され始めるのは、唐の影響を受ける7世紀以降であり、それ以前は西方式のコインが流通していた（ルトヴェラゼ, 2011）。また、7世紀以降は中国式コインと西方式コインが共に流通していた時期であり、少額決済の手段として中国式の銅銭が使用され、高額決済の手段に西方式のサーサーン朝のドラクマ銀貨が使用されていたことが知られる（荒川, 2010）。特に銅銭については、中国銭の他に中央アジアの各地域で独自のコインが鋳造されていた（Zeimal, 1994）。

　イスラーム化する以前の中央アジアについて、中国の漢籍史料やイスラーム勢力による記述も少なく、在地の出土文字史料も極めて少ないことから、当時の社会や人々の生活について知られていることは多くない。そのため、発掘調査や出土遺物を対象とする考古学的研究が行われており、中央アジアで独自に鋳造されたコインもその対象の1つである。発掘調査によって出土した多くのコインに基づいて研究を行い、イスラーム化以前の中央アジアにおけるコインの分類や型式

をまとめたのが O. I. Smirnova であり、その研究を基礎として、これまで多くの古銭学、考古学的な研究が行われている。また、コインを対象にした自然科学的手法を用いた研究もまた Smirnova によって報告されているが（Смирнова, 1981）、古銭学や考古学的な研究と比較して極めて少ない状況である。

　以上を踏まえて、イスラーム化以前の中央アジアで流通していたコインを対象に科学的調査を行うことは、新たなデータを示すとともに、古銭学や考古学的情報と組み合わせることで、中央アジアにおけるコインの製造技術や流通実態などについて解き明かすことが期待できる。よって本研究では、中央アジアで流通していた7世紀から8世紀ごろのコインを対象に、組成分析による合金種の同定や鉛同位体比分析による産地推定を行うことで、イスラーム化以前の中央アジアのコインに使用された原材料の流通について明らかにすることを目的とする。

I　対象資料と分析方法

1．対象資料

　対象資料は帝京大学文化財研究所および個人所蔵のコインである。資料の外観を図1に示す。中央アジアのコインの中から約7〜8世紀ごろに発行されたと考えられているコイン、計32点（sc0001〜sc0032）を対象とした。コインは発行地や型式など古銭学的分類から、テュルゲシュコイン（sc0001〜sc0009）、開元通宝（sc0010〜sc0012）、アラブ・サーサーン銀貨（sc0013、sc0014）、サマルカンドコイン（sc0015〜sc0017）、ホラズムコイン（sc0018〜sc0026）、タシュケントコイン（sc0027〜sc0029）、ブハラホダート（sc0030〜sc0032）の7つに分類した。なお、コインの法量および分類の一覧を表1に示す。また、中央アジアの簡易的な地図を図2に示す。続いて、分類した対象資料について概説する。

（1）テュルゲシュコイン（sc0001〜sc0009）
　セミレチエ地方周辺で活動していた、トルコ系遊牧民族のテュルゲシュ（突

中央アジアのコインの材料と鉛同位体比からみたイスラーム化以前の金属流通

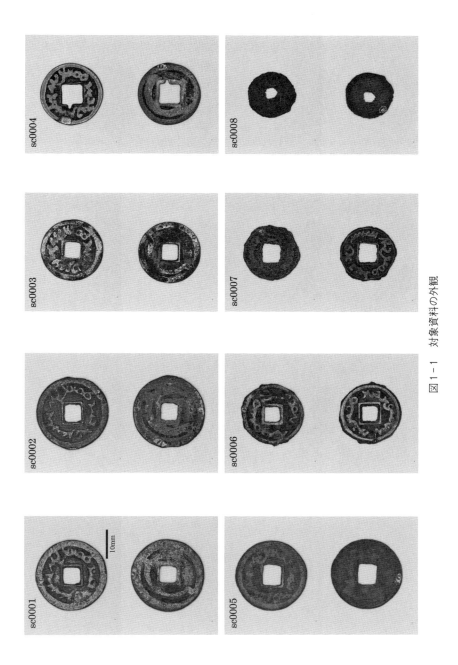

図1-1 対象資料の外観

シルクロードのコイン 1

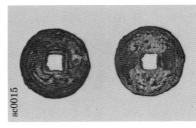

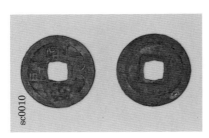

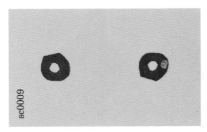

図1-2　対象資料の外観

中央アジアのコインの材料と鉛同位体比からみたイスラーム化以前の金属流通

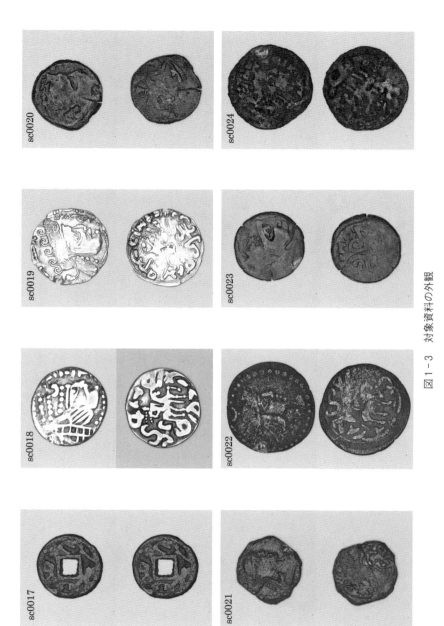

図1-3 対象資料の外観

シルクロードのコイン 1

図 1-4　対象資料の外観

表1 コインの法量および分類一覧

分析番号	分類	帰属	推定年代	直径 (mm)	孔径 (mm)	厚さ (mm)	重さ (g)	発行地域	王名	銘文
sc0001	チュルギシュ	テュルギシュ	8c前半	24.2×24.3	5.7×5.7	1.93	6.08	キルギス		神なるテュルギシュ可汗の銅銭
sc0002	チュルギシュ	テュルギシュ	8c前半	23.8×23.9	5.4×5.7	1.80	4.84	キルギス		神なるテュルギシュ可汗の銅銭
sc0003	チュルギシュ	テュルギシュ	8c前半	20.7×20.8	5.2×5.3	0.94	1.60	キルギス		神なるテュルギシュ可汗の銅銭
sc0004	チュルギシュ	テュルギシュ	8c前半	20.7×21.3	6.7×6.8	1.03	2.02	キルギス		神なるテュルギシュ可汗の銅銭
sc0005	チュルギシュ	テュルギシュ	8c前半	23.5×23.6	6.2×7.0	1.78	4.29	キルギス		神なるテュルギシュ可汗の銅銭
sc0006	チュルギシュ	テュルギシュ	8c後半	20.6×20.7	5.0×5.1	1.13	2.05	キルギス	ワナントドマーラ	神なるテュルギシュ可汗の銅銭
sc0007	チュルギシュ	テュルギシュ	8c後半	18.1×18.8	5.9×6.3	1.07	1.55	キルギス	ワナントドマーラ	神なるテュルギシュ可汗の銅銭
sc0008	チュルギシュ	テュルギシュ	8c後半?	15.5×16.3	3.1×3.7	1.36	1.16	キルギス		神なる（トゥルギシュ可汗？）の銅銭
sc0009	チュルギシュ	テュルギシュ	8~9c	9.4×10.5	3.1×3.3	0.66	0.30	キルギス		無文
sc0010	開元通宝	唐	7~8c	24.8×24.9	6.7×6.8	1.42	3.52	唐		開元通宝
sc0011	開元通宝	唐	7~8c	16.5×24.5	6.1	3.31	2.33	唐		○元通宝
sc0012	開元通宝	唐	7~8c	22.4×23.3	6.3×6.8	1.23	3.32	唐		開元通宝
sc0013	アラブ・サザン	正統カリフ	7c後半	30.2×32.9		0.49	3.89	バスラ?		
sc0014	アラブ・サザン	正統カリフ	7c後半	29.9×30.4		0.56	4.07	ダラブギルド?		
sc0015	サマルカンド	サマルカンド	8c初	23.3×24.1	5.1×5.6	1.38	3.02	サマルカンド	タルフン（突昏）	trxwn MLK'
sc0016	サマルカンド	サマルカンド	8c初	23.9×24.1	5.5×6.1	1.47	2.61	サマルカンド	タルフン（突昏）	trxwn MLK'
sc0017	サマルカンド	サマルカンド	8c中葉	21.3×22.3	4.7×5.2	1.16	2.62	サマルカンド	トゥルガル（咄忽）	twrx'r MLK'
sc0018	ホラズム	ホラズム	8c	24.7×26.8		1.36	5.45	ホラズム		MR'Y MLK'＿?
sc0019	ホラズム	ホラズム	8c中葉	25.4×26.1		0.74	3.00	ホラズム	sawashfan	s'wšprn?
sc0020	ホラズム	ホラズム	8c?	22.8×24.4		1.78	4.84	ホラズム		MLK'?
sc0021	ホラズム	ホラズム	8c?	20.3×23.4		2.79	6.17	ホラズム		
sc0022	ホラズム	ホラズム	8c	29.3×30.5		1.34	5.27	ホラズム		
sc0023	ホラズム	ホラズム	8c後半	23.7×23.8		1.02	2.79	ホラズム	Azkastvar-Abdallah	MR'Y MLK'＿?
sc0024	ホラズム	ホラズム	8c?	27.3×28.2		1.47	4.59	ホラズム	King shram	MR'Y MLK'＿?
sc0025	ホラズム	ホラズム	8c	25.0×26.9		1.67	4.63	ホラズム		MR'Y MLK'＿?
sc0026	ホラズム	ホラズム	8c	15.8×16.9		2.49	3.45	ホラズム		
sc0027	タシュケント	タシュケント	7~8c	17.4×18.3		2.13	1.43	タシュケント		
sc0028	タシュケント	タシュケント	7c	17.5×20.4		1.14	1.74	タシュケント		
sc0029	タシュケント	タシュケント	7~8c	16.5×18.3		1.04	1.70	タシュケント		
sc0030	ブハラ・ホダート	ブハラ、サマルカンド	8c後半	22.9×23.9		0.82	1.92	サマルカンドかブハラ		ZNH pny tk'yn c'ynk xwβ
sc0031	ブハラ・ホダート	ブハラ、サマルカンド	8c	24.6×25.6		0.93	2.49	サマルカンドかブハラ		
sc0032	ブハラ・ホダート	ブハラ、サマルカンド	8c	23.9×25.0		0.64	1.77	サマルカンドかブハラ		

騎施）が発行したコインである。特徴として、表面にソグド文字の銘文と、裏面にはテュルゲシュが発行したことを示す、弓状の印（タムガ）が刻印されている。sc0001～sc0005が8世紀前半、sc0006～sc0009が8世紀後半の発行と考えられているが、コインの正確な発行年代については判明していない。なお、対象資料のすべてが中国式コインである。

（2）開元通宝（sc0010～sc0012）

開元通宝は唐の高祖が武徳4年（621年）に発行した統一貨幣であり、開元通宝は発行以来、ある短期間を除き唐代を通じて鋳造された（永井，1994）。開元通宝は長期間にわたり発行されたため、数多くの種類が存在しているが、私鋳銭や密造銭もあり、銭類の判別が不可能なものもある（永井，1994）。開元通宝は銘文の読みについては「開元通寶」と「開通元寶」の2つの説があるが、本研究では、「開元通寶」で読みを統一する。なお、「寶」についても「宝」と表記する。sc0010とsc0011はキルギス出土とされており、sc0012は出土地不明である。

（3）アラブ・サーサーン銀貨（sc0013、sc0014）

アラブ・サーサーン銀貨は、サーサーン朝ペルシア滅亡後、イスラーム勢力

図2　中央アジアの地図

によって発行されたサーサーン式の銀貨である。7世紀半ばより、北アフリカから西アジアにかけて実行支配したイスラーム勢力は、独自の貨幣制度を持っておらず、支配した地域にあった貨幣制度をそのまま引き継いだとされる（シルクロード学研究センター，2003）。そのため、地中海地域ではビザンツ帝国の金貨制度を、イランやイラクなどサーサーン朝ペルシアの旧領土内では、銀貨制度を引き継いでいた（シルクロード学研究センター，2003）。アラブ・サーサーン銀貨の発行は7世紀中葉ごろと考えられており、ウマイヤ朝5代目カリフである、アブド・アルマリク（在位：685〜705年)*による貨幣改革によって、イスラーム独自のコインが発行されるまで続いたとされる（亀井，2006）。

（4）サマルカンドコイン（sc0015〜sc0017）

　ソグディアナ地方の都市サマルカンドで発行されていたコインである。対象資料のサマルカンドコインは唐の支配下に入った後、発行されるようになった中国式のコインである。sc0015とsc0016はタルフン王（中国名：突昏）のコインである。sc0017はトゥルガル王（中国名：咄曷）のコインで、トゥルガル王のコインがサマルカンドで発行される最後の中国式コインである（曽布川・吉田，2011）。

（5）ホラズムコイン（sc0018〜sc0026）

　ホラズム地方で発行されていたコインである。対象資料のうち、sc0018とsc0019が銀貨である。コインの表面が摩耗しており、銘文が読み取りにくいものが多いため、発行年代があまりはっきりとしないものが多い。吉田豊氏の分類によると、一番年代が新しいものはsc0023のAzkastvar-Abdallahのコインである。ホラズムコインの特徴は、表面に支配者の肖像があり、裏面には騎馬像とホラズムを示す印が刻印されていることである（Zeimal, 1994）。対象資料には、上記の特徴を持つコインがあるほか、sc0026のようにホラズムを示す印のみが刻印されたコインもある。

（6）タシュケントコイン（sc0027～sc0029）

　ソグディアナ地方の都市タシュケント（古くはチャーチと呼ばれる。）で発行されていたコインである。対象資料の中央アジアコインの中で、最も古い時期のコインだと考えられる。7世紀から8世紀にタシュケントで発行されたコインは、地域によっていくつかに分類され、印も複数存在する（Zeimal, 1994）。代表的なものとして、表面に右向きのライオンもしくは支配者の顔があり、裏面にはフォークのような印がみられる（Zeimal, 1994）。対象資料の中では、表面が摩耗してみえにくいが、sc0029がその特徴と一致する。sc0027も写真では確認しにくいがフォーク状の印がわずかにみられる。sc0028は支配者の顔と、他の資料とは異なる印を持つ。

（7）ブハラホダート（sc0030～sc0032）

　ブハラホダートは、サーサーン朝ペルシアのバフラーム5世のドラクマ銀貨を模倣した、主にブハラやサマルカンドで発行された独自のコインである。その特徴として裏面にはゾロアスター教の拝火壇がみられる。発行開始時期は未だ議論されているが、年代を重ねるごとに銀の含有量が削減されることが知られている（Zeimal, 1994）。銀の含有量が大幅に減少したブハラホダート貨は「黒いディルハム」とも呼ばれ、最終的には中央アジアが完全にイスラーム化した後の13世紀ごろまで発行されていたと考えられている（Zeimal, 1994）。sc0030が8世紀後半、sc0031とsc0032が8世紀ごろの発行とされる。発行地についてはサマルカンドとブハラのどちらかだと思われるが詳細は不明である。

2．分析方法

（1）X線透過撮影法

　コインの内部観察を行うため、X線透過撮影を行った。使用装置はX線発生装置（iXRS-225/4.5）である。イメージングプレート画像読取装置にはFujifilm製Dynamix HR2を使用し、専用のイメージングプレートであるIP-UR1を用いた。撮影条件は管電圧80 kV、130 kV、180 kV、225 kVの4条件で、すべての条件において管電流2mA、照射時間60秒で行った。

（2）蛍光 X 線分析

　コインを構成する材料を明らかにするために蛍光 X 線分析を行った。分析には可搬型蛍光 X 線分析装置（Innov-X Systems DELTA PREMIUM DP-4000）を使用し、非破壊で行った。この装置はタンタル管球の電圧を自動で40 kV と10 kV に切り替えて測定することにより塩素、硫黄、カルシウムなどの軽元素の分析も可能である。分析モードは 2 Beam Mining Plus を使用し、分析時間は90秒、X 線の照射範囲は約10 mm である。また、ファンダメンタルパラメーター法（以下、FP 法）により簡易的ではあるが、各元素の半定量値を算出した。

（3）鉛同位体比測定

　コインに用いられた材料の産地推定を行うため、鉛同位体比測定を行った。鉛同位体比の測定には表面電離型質量分析計（Finnigan MAT262）を用いた。表面電離型質量分析計での鉛同位体比の分析は鉛の純度が高いほど測定の精度が上がるため、鉛の単離を行った。サンプリングを行うにあたり、コインの表面の汚染から測定結果に影響を及ぼす可能性があるため、超純水に浸して超音波洗浄機による洗浄を行った。その後、汚染や腐食による影響を受けにくいコイン内部を試料として用いるため、ルーターでコイン表面の腐食層を削りサンプリングを行った。サンプルを採取後、石英製ビーカーに入れ、濃硝酸0.3 mL を加え、1 日放置して資料を溶解した。資料が溶解した後、蒸留水で5〜10mL に希釈し、電極に白金板を利用し、直流電圧2V で電気分解した。鉛は酸化され、二酸化鉛として陽極の白金電極上に析出するので、この白金電極を取り出して硝酸と過酸化水素水で鉛を還元溶解した。この溶液の鉛濃度を ICP 発光分光分析法で測定し、溶液から200 ng を分取し、蒸発乾固を行って鉛を取り出した。この鉛にリン酸1 µL とシリカゲル3 µL を加えてレニウムフィラメント上に載せ、加熱固化し、測定に供した。フィラメント温度が約1200 ℃になるように鉛同位体比を測定し、測定値は同一条件で測定した標準鉛試料 NBS-SRM-981で規格化した（平尾・馬淵，1989）。

Ⅱ　Ｘ線透過撮影および蛍光Ｘ線分析の結果と考察

1．Ｘ線透過撮影

　Ｘ線透過撮影で得られた像を図３に示す。これらの図は管電圧225 kV、管電流２mA、照射時間60秒で行い、得られたＸ線透過像である。全資料のＸ線透過像は付録１～３に示している。

　図３ sc0006では、コインの内部に空洞がみられる。これは、鋳巣と呼ばれる鋳造欠陥であると考えられる。鋳巣の発生原因には、金属のガス吸収に起因するものと、金属の体積変化に起因するものの、大きく２つがある。前者について、金属は液体状態の方が空気中のガス取り込みやすいため、冷却され凝固するときに取り込んだガスが放出されることで鋳巣となる。後者については、一般的に金属は液体状態から凝固して固体になり、常温に至るまでに必ず収縮が起こる。このような温度による体積の変化は特に、凝固する時に急激な収縮が起こり鋳巣の原因となる（堀江，2012）。sc0006を製作する際に使用された鋳型が判明しない以上、詳細な原因の解明は困難であるが、鋳巣の形状が気泡に似た滑らかな円形であることから、ガスの放出によってできた鋳巣であると考えられる。図3sc0015から、全体に白い粒が確認できる。Ｘ線は金属によって透過率が変化するため、白い粒はそれ以外の部位よりＸ線の透過率の低い金属が介在していると言える。コインを構成する金属の中で最もＸ線を透過しにくい金属は鉛であるため、この白い粒は鉛の粒子を反映していると考えられる。一方、キルギス出土の開元通宝である、図３ sc0010、sc0011には、鋳巣や鉛の粒子がみられない。このことから、同じ中国式コインでも、sc0006、sc0015のような中央アジアの在地のコインと中国銭では、材料や鋳造技術に違いがあるといえる。開元通宝は中央アジアでも鋳造されていた可能性が認められている（荒川，2010）。仮に中央アジアで鋳造された開元通宝が、在地のコインと同様の技術で鋳造されていた場合、開元通宝にも鋳造欠陥が発生する可能性がある。しかし、対象資料の開元通宝には鋳造欠陥がみられないため、これらの開元通宝は中国本土の鋳造技術、または、それと同等の技術を用いて鋳

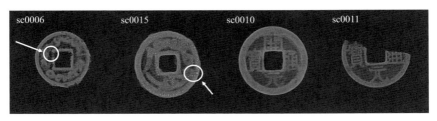

図3　X線透過像
管電圧 225 kV, 管電流 2 mA, 時間60秒

造されたと考えられる。

2．蛍光X線分析

　蛍光X線分析で得られた結果を元に、FP法によって算出した半定量結果から合金元素のみを抽出し、合金元素の合計が100%になるよう再計算した。これを表2に示す。なお、青銅はスズ（Sn）の含有量が1 mass%以上のものとした。また、鉛（Pb）やヒ素（As）についても同様に1 mass%以上の場合に合金成分とした。

　表2から、同定された合金種は、A 純度の高い銅、B 鉛を含む銅、C 青銅、D ヒ素を含む青銅、E 銅－銀－鉛、F 銀－銅、G 銀－銅－鉛の7種に分類できる。合金種はコインの分類ごとに異なる傾向を示しており、サマルカンドコインとブハラホダート以外のコインは複数の合金種で構成される。銅製のコインの多くが青銅製であり、鉛が多く含有される。また、鉛の含有については、銅製、銀製に関わらずほとんどのコインに含まれており、特に銅製のコインに多く、含有量のばらつきも大きい。中でも、テュルゲシュ、サマルカンド、タシュケントは時代を経るごとに鉛量がやや増加傾向にあることがわかる。アラブ・サーサーン銀貨はサーサーン朝ドラクマ銀貨を模倣して発行されたコインである。元となるサーサーン朝のドラクマ銀貨の金属組成は90 mass%以上の銀で構成されており、鉛の含有量は約0.1〜1.2 mass%程度と報告されている（Mortazavi et al., 2018）。よって、対象としたアラブ・サーサーン銀貨はサーサーン朝ドラクマ銀貨より鉛量が増加した、純度の低いコインであるといえる。

鉛は銅や銀より安価で比較的手に入れやすい金属であることから、鉛を足すことで銅や銀を節約してコインを製造していたと考えられる。

　その他、特徴的な含有元素にテュルゲシュコインに含まれる銀が挙げられる。表2から、8世紀後半のテュルゲシュコインに約0.6〜1.2 mass％ほどの銀が含有されることがわかる。一方で、8世紀前半に発行されたと考えられるテュルゲシュコインには銀が全く含有されていない。含有量から考えても銀を意図的に添加したとは考えにくい。よって、これは原料となった鉱石由来の微量元

表2　蛍光X線分析より得られた金属組成（mass％）と推定された合金

分析番号	分類	年代	Cu	Zn	As	Ag	Sn	Sb	Pb	推定された合金種
sc0001	テュルギシュ	8c後半	69.6	0.1	0.0	0.0	2.7	0.2	27.4	C青銅
sc0002	テュルギシュ	8c前半	93.4	0.2	0.6	0.0	3.0	0.2	2.7	C青銅
sc0003	テュルギシュ	8c前半	84.4	0.3	0.6	0.0	4.1	0.1	10.4	C青銅
sc0004	テュルギシュ	8c前半	66.3	0.4	0.0	0.0	1.8	0.0	31.5	C青銅
sc0005	テュルギシュ	8c前半	44.3	0.2	0.5	0.0	3.0	0.2	51.8	C青銅
sc0006	テュルギシュ	8c後半	56.7	0.2	0.0	0.6	1.6	0.5	40.4	C青銅
sc0007	テュルギシュ	8c後半	56.3	0.2	0.0	0.6	0.8	0.2	41.8	B鉛を含む銅
sc0008	テュルギシュ	8c後半？	71.8	0.3	0.0	1.2	0.0	0.7	26.0	B鉛を含む銅
sc0009	テュルギシュ	8〜9c	41.2	0.2	0.8	0.9	3.3	0.5	53.1	C青銅
sc0010	開元通宝	7〜8c	64.4	0.3	0.0	0.0	5.2	0.0	30.1	C青銅
sc0011	開元通宝	7〜8c	95.0	0.0	0.0	0.0	2.0	0.0	2.9	C青銅
sc0012	開元通宝	7〜8c	61.8	0.3	1.3	0.0	8.3	0.2	28.1	Dヒ素を含む青銅
sc0013	アラブ・ササン	7c後半	18.4	0.2	0.0	76.9	0.0	0.0	4.5	F銀−銅
sc0014	アラブ・ササン	7c後半	8.4	0.0	0.0	89.6	0.0	0.0	2.0	F銀−銅
sc0015	サマルカンド	8c初	68.7	0.3	0.0	0.0	3.4	0.2	27.4	C青銅
sc0016	サマルカンド	8c初	73.0	0.3	0.0	0.0	2.2	0.1	24.5	C青銅
sc0017	サマルカンド	8c中葉	64.8	0.2	0.0	0.0	2.1	0.0	32.9	C青銅
sc0018	ホラズム	8c	12.5	0.2	0.0	86.6	0.0	0.0	0.7	F銀−銅
sc0019	ホラズム	8c中葉	5.9	0.0	0.0	91.8	0.0	0.0	2.2	G銀−銅−鉛
sc0020	ホラズム	8c?	51.7	0.3	3.1	0.0	2.2	0.3	42.3	Dヒ素を含む青銅
sc0021	ホラズム	8c?	75.2	0.3	0.0	0.0	0.5	0.0	23.9	B鉛を含む銅
sc0022	ホラズム	8c	99.2	0.4	0.1	0.0	0.0	0.0	0.3	A純度の高い銅
sc0023	ホラズム	8c	66.0	0.5	1.5	0.0	3.6	0.2	28.2	Dヒ素を含む青銅
sc0024	ホラズム	8c?	99.2	0.5	0.1	0.0	0.0	0.0	0.3	A純度の高い銅
sc0025	ホラズム	8c	97.2	0.3	0.0	0.0	0.1	0.0	2.3	B鉛を含む銅
sc0026	ホラズム	8c	96.1	0.2	0.2	0.0	0.0	0.0	2.8	B鉛を含む銅
sc0027	タシュケント	7〜8c	41.6	0.2	0.0	0.0	2.4	0.0	55.7	C青銅
sc0028	タシュケント	7c	71.5	0.5	0.8	0.0	3.0	0.0	24.2	C青銅
sc0029	タシュケント	7〜8c	42.9	0.3	1.5	0.0	4.3	0.1	50.8	Dヒ素を含む青銅
sc0030	ブハラホダート	8c後半	87.1	0.7	0.0	11.0	0.0	0.0	1.2	E銅−銀−鉛
sc0031	ブハラホダート	8c	77.6	0.7	0.0	19.7	0.0	0.0	1.9	E銅−銀−鉛
sc0032	ブハラホダート	8c	74.0	0.7	0.0	23.1	0.0	0.0	2.1	E銅−銀−鉛

合金種：A純度の高い銅、B鉛を含む銅、C青銅、Dヒ素を含む青銅、E銅-銀-鉛、F銀-銅、G銀-銅-鉛

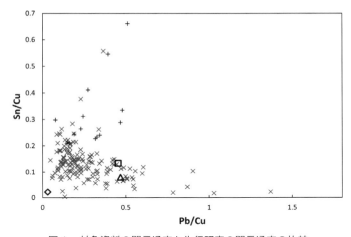

図4　対象資料の開元通宝と先行研究の開元通宝の比較
△ sc0010, ◇ sc0011, □ sc0012, ×中国本土発行開元通宝（https://flame.arch.ox.ac.uk/public-resources/Chinese-coins-data/2023年7月17日閲覧), ＋新疆出土開元通宝（Ding Ma et al, 2022）

素である可能性が高い。基本的に銀は鉛を伴って産出する場合が多いため、鉛鉱石由来の銀であると考えられる。つまり、8世紀前半と8世紀後半のコインでは使用された鉱石が異なる可能性がある。

　次に、対象資料の開元通宝と先行研究から来歴が判明している開元通宝の比較を行った。これを図4に示す。開元通宝の測定データはオックスフォードの中国コインのデータベース（https://flame.arch.ox.ac.uk/public-resources/Chinese-coins-data/）より開元通宝のデータのみ抽出し引用している。また、Ding Ma et al.（2022）による報告から新疆出土の開元通宝の測定データを追加している。

　図4から、プロットが最も集中する範囲には中国本土で発行された開元通宝が多く分布する。一方、追加した新疆出土の開元通宝は、開元通宝が多く分布する範囲から外れて分布している。先行研究では、開元通宝が集中する領域から外れる資料には、新疆出土のコインの他、大暦元宝などといった安禄山の反乱時のコインが位置すると報告されている（Pollard and Liu, 2021）。分析に供した資料3点は、sc0011がやや低い位置に分布し、sc0010とsc0012ともに開元通宝が多く集中する範囲の近くに位置している。よって、sc0010とsc0012の組成は、中国本土で発行された開元通宝と近い特徴を持っているといえる。

sc0011については、中国本土の開元通宝や新疆出土の開元通宝とは異なる組成であるが、近い分布を示す開元通宝がないため詳細は不明である。

Ⅲ 材料産地推定に関する結果と考察

1．中央アジア地域における鉛同位体比の分布

　本研究を行うにあたり、中央アジアおよび中央アジア周辺地域の鉛同位体比がどのような分布を示すのか確認するため、中央アジア諸国とその周辺地域、特に新疆やイランの鉱石の鉛同位体比を調査した。使用した鉱石のデータは、Killick et al.（2020）による報告で示された、地域別の鉛同位体比データベースと、Hsu and Sabatini（2019）の報告でまとめられた、中国の鉛同位体比データベースおよび論文からデータを引用した。鉱石の鉛同位体比データは $^{207}Pb/^{206}Pb$-$^{208}Pb/^{206}Pb$（A式図）、$^{206}Pb/^{204}Pb$-$^{207}Pb/^{204}Pb$（B式図）で表している。これを図5に示す。

　図5（a）から、新疆、ウズベキスタン、キルギス、カザフスタンの鉛同位体比は同様の分布を示す。一方、イラン、タジキスタンは他の地域の鉛同位体比とは異なる分布を示す。つまり、A式図では新疆、ウズベキスタン、キルギスの天山山脈周辺地域とカザフスタンの鉛同位体比が同じ分布を示していることがわかる。一方、イランとタジキスタンは異なる分布を示していることから、A式図では、イラン、タジキスタン、天山山脈周辺地域とカザフスタンの大まかに3つの地域で、産地の判別が可能であると考えられる。また、図5（b）では、新疆、キルギス、ウズベキスタンの鉛同位体比が近い分布を示す。イラン、タジキスタン、カザフスタンはそれぞれ異なる分布範囲を示す。しかし、イランと一部キルギスのデータ、タジキスタンと一部ウズベキスタンのデータ、カザフスタンと一部新疆のデータが同様の分布を示す。このように、B式図では、天山山脈周辺地域の鉛同位体比がA式図よりも大きくばらついて分布しているため、これら産地の同定は困難と思われる。しかし、A式図では天山山脈周辺地域と同様の分布を示していたカザフスタンが異なる分布を示しているため、A式図とB式図を併用することで、カザフスタンは判別可

中央アジアのコインの材料と鉛同位体比からみたイスラーム化以前の金属流通

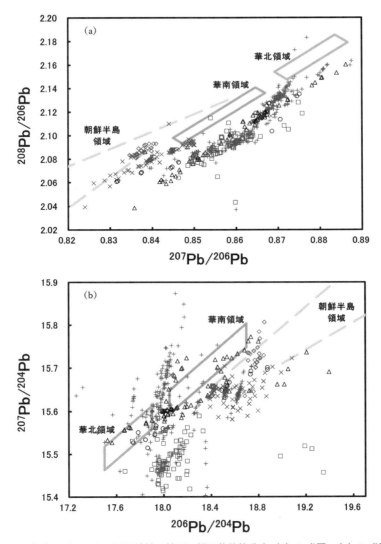

図 5 　中央アジアとその周辺地域の鉱石の鉛同位体比分布 (a) A 式図, (b) B 式図
△ウズベキスタン (Chernyshev et al, 2017; Merkel et al, 2013; Chiaradia et al, 2006), ×イラン (Rahimi, 2020; Mirnejad et al, 2015; Mirnejad et al, 2011; Pernicka et al, 2011; Shafiei, 2010; Nezafati et al, 2009; Brill et al, 1997), ○キルギス (Chiaradia et al, 2006; Jenchuraeva, 1997), ◇タジキスタン (Pavlova and Borisenko, 2009), □カザフスタン (Chugaeva et al, 2021; Wong et al, 2017; Syromyatnikov et al, 1988), ＋新疆 (李 and 王, 2006; Chiaradia et al, 2006; Hsu and Sabatini, 2019)

145

能だと考えられる。よって、本研究では、比較的傾向が判別し易いA式図を中心に、適宜B式図も対応しながら材料産地の推定を行う。

2．材料産地推定の結果と考察

　コインに用いられた材料の産地を明らかにするために、鉛同位体比測定を行った。分析に供したのは、対象資料32点中、28点であるが、そのうち3点は測定エラーのため結果を示していない。また、残りの資料4点は個人所有資料のため分析を行っていない。内訳はテュルゲシュコイン9点、開元通宝3点、アラブ・サーサーン2点、サマルカンドコイン3点、ホラズムコイン5点（内銀貨2点）、タシュケントコイン3点である。分析で得られた鉛同位体比値を表3に示す。各試料について測定値が示した誤差範囲内にあることを確認している。分析対象資料の測定結果を図6に示す。結果は$^{207}Pb/^{206}Pb$-$^{208}Pb/^{206}Pb$（A式図）、$^{206}Pb/^{204}Pb$-$^{207}Pb/^{204}Pb$（B式図）で表している。また、産地推定を行うにあたり、分析結果にあわせて、中央アジアとその周辺地域、特に新疆やイランの鉱石の鉛同位体比との比較を行った。コインの分類ごとに比較した図を図7〜12に示す。図7にはテュルゲシュコインの測定結果を示し、図8は開元通宝、図9はアラブ・サーサーン銀貨、図10はサマルカンドコイン、図11はホラズムコイン、図12はタシュケントコインの測定結果をそれぞれ示す。

（1）テュルゲシュコイン（sc0001〜sc0009）

　図7（a）A式図、（b）B式図から、テュルゲシュコインは鉛同位体比の分布から2つのグループに分類できる。

　グループⅠにはsc0001、sc0002、sc0005、sc0008が含まれる。図7（a）、（b）では、sc0001、sc0002、sc0005の鉛同位体比がそれぞれ近い範囲に分布しており、やや離れる位置にsc0008が分布する。sc0001、sc0002、sc0005は特に新疆の鉱石の鉛同位体比は集中する範囲に位置することから、これら3つのテュルゲシュコインは新疆で採掘された鉱石を使用している可能性がある。sc0008は図7（a）から、新疆、ウズベキスタン、キルギスの鉱石の鉛同位体比が近くに位置する。また、図7（b）では、近い鉛同位体比値を持つ鉱石は

表3　中央アジアコインの鉛同位体比値

資料番号	資料	鉛同位体比値					鉛同位体比 測定番号
		206Pb/204Pb	207Pb/204Pb	208Pb/204Pb	207Pb/206Pb	208Pb/206Pb	
sc0001	テュルギシュ	17.875	15.580	38.189	0.8716	2.1365	TC0071
sc0002	テュルギシュ	17.883	15.603	38.259	0.8725	2.1394	TC0072
sc0003	テュルギシュ	18.398	15.663	38.641	0.8513	2.1004	TC0073
sc0004	テュルギシュ	18.271	15.648	38.571	0.8565	2.1111	TC0074
sc0005	テュルギシュ	17.934	15.614	38.312	0.8706	2.1363	TC0075
sc0006	テュルギシュ	18.175	15.633	38.299	0.8601	2.1072	TC0076
sc0007	テュルギシュ	18.276	15.633	38.295	0.8554	2.0954	TC0077
sc0008	テュルギシュ	17.673	15.502	37.819	0.8772	2.1399	TC0078
sc0009	テュルギシュ	18.195	15.614	38.214	0.8582	2.1003	TC0079
sc0010	開元通宝	18.572	15.714	38.974	0.8461	2.0985	TC0081
sc0011	開元通宝	18.171	15.592	38.538	0.8581	2.1208	TC0089
sc0012	開元通宝	18.202	15.637	38.656	0.8591	2.1237	TC0082
sc0013	アラブ・ササン	18.401	15.619	38.484	0.8488	2.0914	TC0093
sc0014	アラブ・ササン	18.798	15.677	38.905	0.8339	2.0696	TC0094
sc0015	サマルカンド	18.542	15.665	38.752	0.8449	2.0899	TC0080
sc0016	サマルカンド	18.577	15.721	38.955	0.8463	2.0969	TC0083
sc0017	サマルカンド	18.394	15.644	38.557	0.8505	2.0962	TC0084
sc0018	ホラズム	18.508	15.655	38.627	0.8459	2.0870	TC0097
sc0019	ホラズム	18.686	15.699	38.975	0.8402	2.0858	TC0102
sc0020	ホラズム	18.429	15.670	38.575	0.8503	2.0931	TC0098
sc0021	ホラズム	18.733	15.727	39.098	0.8395	2.0872	TC0099
sc0023	ホラズム	18.611	15.741	39.018	0.8458	2.0966	TC0085
sc0027	タシュケント	18.150	15.638	38.346	0.8616	2.1128	TC0086
sc0028	タシュケント	18.361	15.647	38.681	0.8522	2.1067	TC0087
sc0029	タシュケント	18.232	15.679	38.646	0.8600	2.1197	TC0088
誤差(±)		0.010	0.010	0.030	0.0003	0.0006	

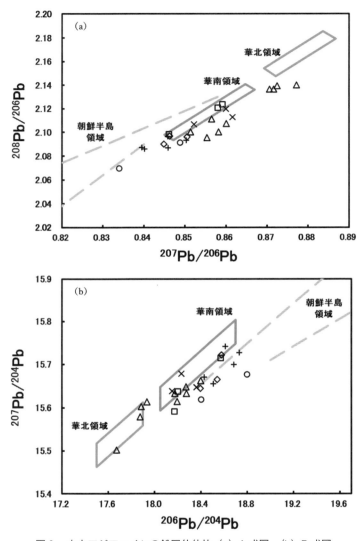

図 6　中央アジアコインの鉛同位体比 (a) A式図, (b) B式図
△テュルゲシュコイン, □開元通宝, ○アラブ・サーサーン銀貨, ◇サマルカンドコイン, ＋ホラズムコイン, ×タシュケントコイン

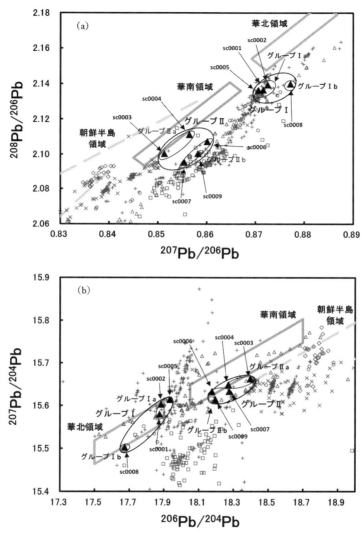

図7 テュルゲシュコインの測定結果と中央アジアの鉱石の鉛同位体比の比較（a）A 式図，（b）B 式図
▲テュルゲシュコイン
△ウズベキスタン（Chernyshev et al, 2017; Merkel et al, 2013; Chiaradia et al, 2006）, ×イラン（Rahimi, 2020; Mirnejad et al, 2015; Mirnejad et al, 2011; Pernicka et al, 2011; Shafiei, 2010; Nezafati et al, 2009; Brill et al, 1997）, ○キルギス（Chiaradia et al, 2006; Jenchuraeva, 1997）, ◇タジキスタン（Pavlova and Borisenko, 2009）, □カザフスタン（Chugaeva et al, 2021; Wong et al, 2017; Syromyatnikov et al, 1988）, ＋新疆（李 and 王, 2006; Chiaradia et al, 2006; Hsu and Sabatini, 2019）

ないが、付近にキルギスや新疆の鉱石の鉛同位体比が位置することから、新疆やキルギスといった天山山脈周辺地域から採掘された鉱石を使用している可能性がある。

　グループⅡには sc0003、sc0004、sc0006、sc0007、sc0009 が含まれる。図 7（a）では、sc0006、sc0007、sc0009 が天山山脈周辺地域の鉱石やカザフスタンの鉱石が集中する範囲に位置する。一方、sc0003、sc0004 は天山山脈周辺地域やカザフスタンの分布範囲から外れており、華南領域の付近に位置する。また、sc0003 はイランの鉱石の近くにも位置する。図 7（b）では、5 つのコインがまとまって分布しており、新疆やウズベキスタンの鉱石、華南領域が近くに位置する。また、sc0003 は A 式図と同様にイラン鉱石の近くに位置する。よって、sc0006、sc0007、sc0009 は新疆やウズベキスタン産の鉱石を使用している可能性がある。sc0003、sc0004 は A 式図、B 式図ともに華南領域の付近に位置するため中国産の可能性があり、sc0003 については、イラン鉱石を使用している可能性も考えられるが、産地の同定は困難である。つまり、グループⅡには、天山山脈周辺地域産の鉱石と産地不明のコインが位置する。

　以上、テュルゲシュコインの鉛同位体比から 2 つグループに分類し、鉱石の鉛同位体比と比較を行うことで、コインに使用された材料産地の推定を試みた。次に鉛同位体比グループとコインの発行年代や法量、蛍光 X 線分析の結果より判明したコインに含まれる銀の有無を比較したところ、各グループ内でコインごとに分類できることが判明した。比較した結果を表 4 に示す。

　表 4 から、グループⅠに含まれるコインは、グループⅠa とグループⅠb に分けられる。グループⅠa は対象資料の中で最も大型であり、8 世紀前半の発行と考えられるコインが集まる。グループⅠb は、8 世紀後半の発行と考えられ、小型で銀を含むという特徴がみられる。グループⅡは、グループⅡa とグループⅡb に分けられる。グループⅡa は 8 世紀前半の発行と考えられる、中型のコインという特徴を持つ。グループⅡb のコインは、大きさや重さはそれぞれ異なるが、8 世紀後半の発行と考えられ、銀を含む特徴がみられる。

　以上から、テュルゲシュコインはグループⅠa とグループⅡa のように同じ 8 世紀前半の発行と考えられるコインであっても、その形状によって鉛同位体

中央アジアのコインの材料と鉛同位体比からみたイスラーム化以前の金属流通

表4　テュルギシュコインと鉛同位体比グループの比較

分析番号	時代	大きさ(mm)	重さ(g)	Ag(mass%)	鉛同位体比グループ
sc0001	8c前半	24.2×24.3	6.08	0.0	グループⅠa
sc0002	8c前半	23.8×23.9	4.84	0.0	グループⅠa
sc0003	8c前半	20.7×20.8	1.60	0.0	グループⅡa
sc0004	8c前半	20.7×21.3	2.02	0.0	グループⅡa
sc0005	8c前半	23.5×23.6	4.29	0.0	グループⅠa
sc0006	8c後半	20.6×20.7	2.05	0.6	グループⅡb
sc0007	8c後半	18.1×18.8	1.55	0.6	グループⅡb
sc0008	8c後半?	15.5×16.3	1.16	1.2	グループⅠb
sc0009	8~9c	9.4×10.5	0.30	0.9	グループⅡb

比が異なるため、コインの型式によって材料の入手先が異なっていた可能性がある。また、グループⅠbやグループⅡbの8世紀後半の発行と考えられるコインは、型式と鉛同位体比に相関がみられない。しかし、グループⅡbのコインは近い鉛同位体比の分布を示すことから、同じ産地の鉱石からそれぞれ異なる型式のコインを作っていた可能性がある。このように、テュルゲシュコインは8世紀前半と後半のコインで材料産地が異なるほか、コインの製造における様式も変化している可能性がある。

（2）開元通宝（sc0010～sc0012）

図8（a）A式図から、3点とも華南領域内に位置する。また、図8（b）B式図から、sc0010とsc0012が華南領域内に位置する。sc0011は華南領域外であるが、A式図ではsc0011の付近に他地域の鉱石の鉛同位体比が位置しないため、3点の開元通宝は中国産の鉛鉱石を主として使用している可能性がある。

これまで、X線透過撮影や蛍光X線分析によってこれらの開元通宝が中国本土の影響を強く受けていることを示したが、材料産地推定の結果からも同様のことがいえる。よって、これらの開元通宝は、中国本土で鋳造されたものが中央アジアに流入したか、高い鋳造技術を持った職人が中央アジアで中国産の原材料を使用して鋳造した可能性がある。

151

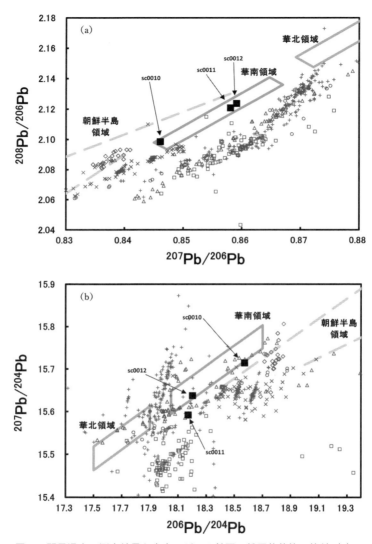

図 8　開元通宝の測定結果と中央アジアの鉱石の鉛同位体比の比較　(a) A式図, (b) B式図

■開元通宝
△ウズベキスタン（Chernyshev et al, 2017; Merkel et al, 2013; Chiaradia et al, 2006）, ×イラン（Rahimi, 2020; Mirnejad et al, 2015; Mirnejad et al, 2011; Pernicka et al, 2011; Shafiei, 2010; Nezafati et al, 2009; Brill et al, 1997）, ○キルギス（Chiaradia et al, 2006; Jenchuraeva, 1997）, ◇タジキスタン（Pavlova and Borisenko, 2009）, □カザフスタン（Chugaeva et al, 2021; Wong et al, 2017; Syromyatnikov et al, 1988）, ＋新疆（李 and 王, 2006; Chiaradia et al, 2006; Hsu and Sabatini, 2019）

（３）アラブ・サーサーン銀貨（sc0013、sc0014）

　図9（a）から、鉱石との比較ではイランの鉱石の範囲と重なる。また、図9（b）から、イランの鉱石の近くに位置することから、イラン産の鉱石を使用している可能性がある。

（４）サマルカンドコイン（sc0015〜sc0017）

　図10（a）、（b）から、sc0015とsc0017はイラン鉱石の範囲の近くに位置するため、イラン産の鉛鉱石を使用している可能性がある。また、sc0016は華南領域内に位置することから、中国産の鉱石を使用している可能性がある。

（５）ホラズムコイン（sc0018〜sc0021、sc0023）

　図11（a）、（b）から、sc0018とsc0020はイラン鉱石の範囲の近くに位置するため、イランの鉱石を使用している可能性がある。sc0023はＡ式図、Ｂ式図とも華南領域内に位置することから、中国産の鉛鉱石を使用している可能性がある。また、sc0021はタジキスタンの鉱石の鉛同位体比と近いことから、タジキスタン産鉱石を使用している可能性がある。sc0019はタジキスタンの他に、イランや新疆の鉱石の鉛同位体比が近くに位置するため、産地を同定することは難しい。

（６）タシュケントコイン（sc0027〜sc0029）

　図12（a）から、sc0028は華南領域内に位置し、sc0029は華南領域の近くに位置する。sc0027はウズベキスタンの鉱石の鉛同位体比と重なる。図12（b）では、sc0029は華南領域内に位置するため、中国産の鉛鉱石が使用されている可能性がある。また、sc0028は華南領域付近に位置するため中国産の鉛を主として使用した可能性がある。sc0027は華南領域内に位置し、新疆の鉱石の鉛同位体比とも重なる。よって、各地域の鉛同位体比と近い分布を示しつつもどの地域にも当てはまらないため、産地の異なる鉛が混合している可能性がある。

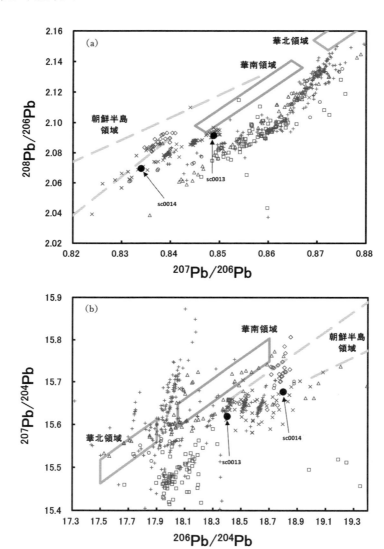

図9 アラブ・サーサーン銀貨の測定結果と中央アジアの鉱石の鉛同位体比の比較 (a) A式図，(b) B式図
● アラブ・サーサーン銀貨
△ウズベキスタン（Chernyshev et al, 2017; Merkel et al, 2013; Chiaradia et al, 2006），×イラン（Rahimi, 2020; Mirnejad et al, 2015; Mirnejad et al, 2011; Pernicka et al, 2011; Shafiei, 2010; Nezafati et al, 2009; Brill et al, 1997），○キルギス（Chiaradia et al, 2006; Jenchuraeva, 1997），◇タジキスタン（Pavlova and Borisenko, 2009），□カザフスタン（Chugaeva et al, 2021; Wong et al, 2017; Syromyatnikov et al, 1988），＋新疆（李 and 王，2006; Chiaradia et al, 2006; Hsu and Sabatini, 2019）

Ⅳ　コインからみた中央アジアの金属流通

　材料産地推定の結果を踏まえて、コインからみた中央アジアにおける金属流通について検討する。

　テュルゲシュコインの推定された材料産地は、新疆とウズベキスタンであるため、基本的に天山山脈周辺地域、つまり、在地の材料を利用している可能性がある。テュルゲシュが自ら材料を入手していたのかは不明ではあるが、仮に交易で入手したとしても、ウズベキスタンと新疆の間という限られた範囲での交易で材料を入手していたと考えられる。さらに、8世紀前半と8世紀後半では、コインの製造における様式や材料産地が異なる可能性がある。テュルゲシュは8世紀前半の蘇禄（在位：715？〜738）という可汗の死後、内乱によって徐々に衰退し、やがてカルルクという遊牧民族に取って代わることが知られる（森安, 2015）。このような、テュルゲシュ内部の政治的動向の変化が、コインの製造や材料産地の変化を反映していると考えられる。

　開元通宝やアラブ・サーサーン銀貨はそれぞれの帰属する地域の材料を利用している。つまり、本国で発行されたコインが中央アジアに流入したと考えられる。しかし、対象資料である開元通宝のように中央アジアで出土したものは、現地で作られた可能性もある。

　サマルカンドコインやホラズムコインの材料の入手先はサマルカンドが中国とイラン、ホラズムが中国とイランとタジキスタンであると考えられる。よって在地の材料を使用している可能性は低く、交易によって得られた材料を用いてコインを作っていたと思われる。また、サマルカンドやホラズムのコインは8世紀ごろの資料が多く、イランの鉛同位体比と同様の特徴を示すものが多くみられることから、8世紀ごろのサマルカンドやホラズムの交易がイスラーム勢力の影響を大きく受けている可能性が高い。よって、8世紀ごろのサマルカンドやホラズムでは特にイスラーム勢力との交易によってコインの材料を入手していたと考えられる。

　タシュケントコインの材料の入手先は主に中国の可能性がある。よって、タシュケントは唐との交易からコインの材料を入手していたと考えられる。対象

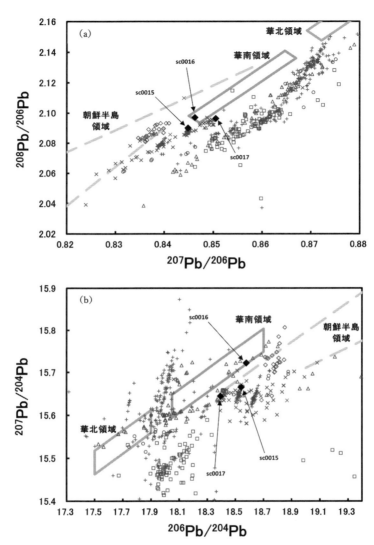

図10 サマルカンドコインの測定結果と中央アジアの鉱石の鉛同位体比の比較 (a) A式図, (b) B式図
◆サマルカンドコイン
△ウズベキスタン (Chernyshev et al, 2017; Merkel et al, 2013; Chiaradia et al, 2006), ×イラン (Rahimi, 2020; Mirnejad et al, 2015; Mirnejad et al, 2011; Pernicka et al, 2011; Shafiei, 2010; Nezafati et al, 2009; Brill et al, 1997), ○キルギス (Chiaradia et al, 2006; Jenchuraeva, 1997), ◇タジキスタン (Pavlova and Borisenko, 2009), □カザフスタン (Chugaeva et al, 2021; Wong et al, 2017; Syromyatnikov et al, 1988), ＋新疆 (李 and 王, 2006; Chiaradia et al, 2006; Hsu and Sabatini, 2019)

中央アジアのコインの材料と鉛同位体比からみたイスラーム化以前の金属流通

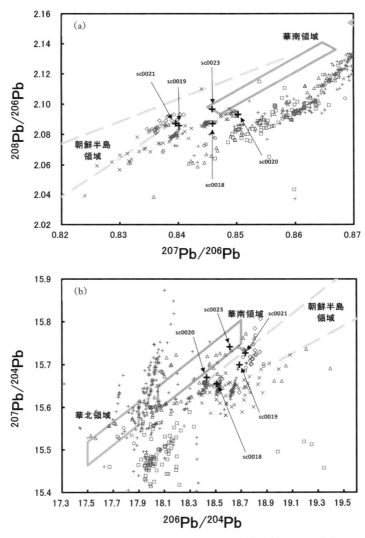

図11 ホラズムコインの測定結果と中央アジアの鉱石の鉛同位体比の比較
(a) A式図，(b) B式図
✚ホラズムコイン
△ウズベキスタン（Chernyshev et al, 2017; Merkel et al, 2013; Chiaradia et al, 2006），×イラン（Rahimi, 2020; Mirnejad et al, 2015; Mirnejad et al, 2011; Pernicka et al, 2011; Shafiei, 2010; Nezafati et al, 2009; Brill et al, 1997），○キルギス（Chiaradia et al, 2006; Jenchuraeva, 1997），◇タジキスタン（Pavlova and Borisenko, 2009），□カザフスタン（Chugaeva et al, 2021; Wong et al, 2017; Syromyatnikov et al, 1988），＋新疆（李 and 王, 2006; Chiaradia et al, 2006; Hsu and Sabatini, 2019）

シルクロードのコイン 1

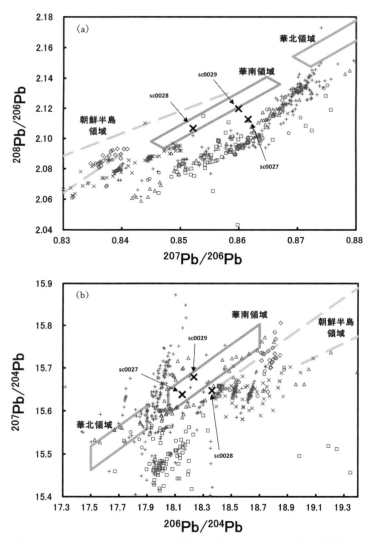

図12 タシュケントコインの測定結果と中央アジアの鉱石の鉛同位体比の比較 (a) A式図, (b) B式図
✕タシュケントコイン
△ウズベキスタン (Chernyshev et al, 2017; Merkel et al, 2013; Chiaradia et al, 2006), ×イラン (Rahimi, 2020; Mirnejad et al, 2015; Mirnejad et al, 2011; Pernicka et al, 2011; Shafiei, 2010; Nezafati et al, 2009; Brill et al, 1997), ○キルギス (Chiaradia et al, 2006; Jenchuraeva, 1997), ◇タジキスタン (Pavlova and Borisenko, 2009), □カザフスタン (Chugaeva et al, 2021; Wong et al, 2017; Syromyatnikov et al, 1988), ＋新疆 (李 and 王, 2006; Chiaradia et al, 2006; Hsu and Sabatini, 2019)

資料の中には7世紀に遡るコインもあることから、唐による中央アジアの支配が7世紀ごろのタシュケントの交易に影響を与えたため、材料産地に反映されたと考えられる。

以上、イスラーム化以前の中央アジア地域では、天山山脈周辺地域および東の中国と西のイラン、それぞれの地域から材料を入手してコインに利用している可能性あることが判明した。中央アジアの各地域によってそれぞれ特色があり、同じ帰属のコインであっても複数の産地から材料を入手している場合が多く、発行年代によっても材料産地が変化すると考えられる。

おわりに

本研究では、7～8世紀ごろの中央アジアで流通していたコインを対象に科学的調査を行った。結果は以下のようにまとめられる。

X線透過撮影では、中央アジアの中国式コインと開元通宝で材料や鋳造技術に違いがある。

蛍光X線分析の結果、合金種は7種に分類でき、多くのコインは複数の合金種で構成される。また、全体的に鉛が多く含まれており、一部のコインは時代を経るごとに鉛含有量が増加傾向にあることが判明した。テュルゲシュコインは8世紀後半のコインに銀が含有され、8世紀前半のコインには含まれないことから、8世紀前半と後半のコインに使用された鉱石が異なる可能性がある。さらに、対象資料の開元通宝と先行研究の開元通宝の組成を比較したところ、対象資料は中国本土で発行された開元通宝と同様の特徴を示す。

材料産地推定の結果から金属流通を検討した結果、テュルゲシュコインはコインの型式や発行年代によって材料産地が異なり、主に在地から材料を入手していると考えられる。開元通宝やアラブ・サーサーン銀貨はそれぞれの帰属する地域の材料を利用しているため、本国で作られたコインが中央アジアに流入したと考えられる。サマルカンドコインやホラズムコイン、タシュケントコインの材料の入手先は、サマルカンドが中国とイラン、ホラズムが中国とイランとタジキスタン、タシュケントは中国であると推定されるため、在地の材料ではなく、交易によって得られた材料を用いてコインを製作していたと考えられ

る。

　以上、本研究では鉛同位体比測定を主とした科学的調査からある一定の成果をあげることができたが、問題点もある。1つは産地の異なる材料が混合したコインの判別である。基本的に鉛はその重さから長距離の交易品としては不向きであると考えられる。そのため、鉛のインゴットではなく金属製品として中央アジアに持ち込まれた可能性が十分にある。仮に金属製品を鋳つぶしてコインを鋳造しているならば、その際、他の産地の材料を用いた金属製品も混入することも考えられる。金属製品を鋳つぶし再利用する、つまり金属のリサイクルについて判別する明確な手法はないが、異なる産地の混合の問題については、分析の数を増やすことで、その結果の傾向から判別できる可能性がある。もう1つはコインの発行年代や出土地情報の精度の問題である。本研究で提示した手法において、これらは科学的調査の結果と合わせて検討を行うための重要な情報であるため、遺跡から直接出土した資料を分析することが望ましい。また、発行年代については、今後の考古学的研究の進展や年代測定を組み合わせた研究の進展が期待される。

謝辞

　本研究を行うにあたり、帝京大学文化財研究所の山内和也先生および吉田豊先生には、コインの分類および銘文の判読にご協力頂きました。また、古代オリエント博物館の津村眞輝子氏には、貴重な資料をご提供頂きました。心より感謝申し上げます。

註

＊　2024年3月29日の正誤表をもとに修正。

文献

荒川正晴，2010，ユーラシアの交通・交易と唐帝国．名古屋大学出版会．530-533.

エドヴァルド・ルトヴェラゼ著，加藤九祚訳，2011，考古学が語るシルクロード史中央アジアの文明・国家・文化．平凡社．104-115.

亀谷学，2006，七世紀中葉におけるアラブ・サーサーン銀貨の発行：アラブ戦士に対する俸給との関係

から．史学雑誌，115, 9, 1505-1541.

シルクロード学研究センター編，2003, 新疆出土のサーサーン式銀貨—新疆ウイグル自治区博物館蔵の サーサーン式銀貨—．シルクロード学研究，19, 1 -15.

曽布川寛，吉田豊編，2011, ソグド人の美術と言語．臨川書店，34-36.

永井久美男編，1994, 中世の出土銭—出土銭の調査と分類—．兵庫埋蔵銭調査会，98-99.

平尾良光，馬淵久夫，1989, 表面電離型固体質量分析計 VG-Sector の規格化について．保存科学．28, 17-24.

堀江晧，2012, 鋳造欠陥現象の概論．SOKEIZAI, 53, 6

森安孝夫，2015, 東西ウイグルと中央ユーラシア．名古屋大学出版会，186-187.

Brill, R. H., Csilla, F. D., Shirahata, H., and Joel, E. C., 1997, Lead Isotope Analyses of Some Chinese and Central Asian Pigments. Conservation of Ancient Sites on the Silk Road. Los Angeles: The Getty Conservation Institute, 369-378.

Chernyshev, I.V., Golubev, V. N., and Chugaev, A.V., 2017, Anomalous Lead Isotopic Composition of Galena and Age of Altered Uranium Minerals: a Case study of Chauli Deposits, Chatkal-Qurama District, Uzbekistan. Geol. Ore Deposits, 59, 551-560.

Chiaradia, M., Konopelko, D., Seltmann, R., and Cliff, R. A., 2006, Lead isotope variations across terrane boundaries of the Tien Shan and Chinese Altay. Miner Deposita, 41, 411-428.

Chugaeva, A.V., Plotinskaya, O.Y., Dubinina, E.O., Sadasyuk, A. S., Gareev, B. I., Kossova, S. A., and Batalin, G. A., 2021, Crustal Source of Pb and S at the Yubileynoe Porphyry Gold Deposit（Southern Urals, Kazakhstan）: High Precision Pb-Pb and δ 34S Data. Geol. Ore Deposits, 63, 173-184.

Hsu, Y. K., and Sabatini, B. J., 2019, A geochemical characterization of lead ores in China: An isotope database for provenancing archaeological materials. PLoS ONE, 14, 4, e0215973. https://doi.org/10.7910/DVN/VID-3WR, Harvard Dataverse, V1, 2019. Filename：Pb Isotope Database for China.xlsx（参照2022 年 8 月 6 日）.

Jenchuraeva, R., 1997, Tectonic settings of porphyry-type mineralization and hydrothermal alteration in Paleozoic island arcs and active continental margins, Kyrghyz Range,（Tien Shan）Kyrghyzstan. Mineral. Deposita, 32, 434-440.

Killick, D. J., Stephens, J. A., and Fenn, T. R., 2020, Geological constraints on the use of lead isotopes for provenance in archaeometallurgy. Archaeometry, 62, 86-105. Filename：arcm12573-sup-0001-LIA Regional Databases.xlsx（参照2022年 2 月 1 日）

Ma, D., Wang, Y., Yang, J., Bi, V., and Luo, W., 2022, A glimpse into the monetary supply network of the Tang empire in the seventh century CE: archaeometallurgical study of Kaiyuan Tongbao coins from Lafu Queke cemetery, Xinjiang, Northwest China. Heritage Science, 10, 178.

Merkel, S. W., Sverchkov, L., Hauptmann, A., Hilberg, V., Bode, M., and Lehmann, R., 2013b Analysis of Slag, Ore, and Silver from the Tashkent and Samarkand Areas: Medieval Silver Production and the Coinage of Samanid Central Asia. Archäometrie Und Denkmalpflege, Metalla Sonderheft, 6.

Mirnejad, H., Simonetti, A., and Molasalehi, F., 2011, Pb isotopic compositions of some Zn-Pb deposits and occurrences from Urumieh-Dokhtar and Sanandaj-Sirjan zones in Iran. Ore Geology Reviews, 39, 4, 181-187.

Mirnejad, H., Simonetti, A., and Molasalehi, F., 2015, Origin and Formational History of Some Pb-Zn Deposits from Alborz and Central Iran: Pb Isotope Constraints. International Geology Review, 57, 4, 463-471.

Mortazavi, M., Naghavi, S., Khanjari, R., and Agha-Aligol, D., 2018, Metallurgical study on some Sasanian silver coins in Sistan Museum. Archaeological and Anthropological Sciences, 10, 1831-1840.

Nezafati, N., Pernicka, E., and Momenzadeh, M., 2009, Introduction of the Deh Hosein Ancient Tin-Copper Mine, Western Iran: Evidence from Geology, Archaeology, Geochemistry and Lead Isotope Data. The Turkish Academy of Sciences（TÜBA-AR), 223-236.

Pavlova, G. G., and Borisenko, A. S., 2009, The Age of Ag-Sb Deposits of Central Asia and Their Correlation with Other Types of Ore Systems and Magmatism. Ore Geology Reviews 35, 2, 164-185.

Pernicka, E, and Adam, K., Böhme, M., and Hezarkhani, Z., 2011, Archaeometallurgical reseach on the western Central Iranian Plateau, in:Abdolrasool Vatandoust. Parzinger, H., and Helwing, B., Early Mining and Metallurgy on the Western Central Iranian Plateau. The first five years of work, Archäologe in Iran und Turan, 9, 633-687.

Pollard, A. M., and Liu, R., 2021, Chemical studies of Chinese coinage II: from Qin to Yuan（221 BCE-1368 CE). Heritage Science, 9, 56.

Rahimi, F., 2020, Comparison of the Lead Isotopic Ratios in the Ancient Silver Mines of Iran and Provenance of Silver Vessels. Knowledge of Conservation and Restoration, knowl Cons Rest, 3, 1, 101-111.

Shafiei, B., 2010, Lead Isotope Signatures of the Igneous Rocks and Porphyry Copper Deposits from the Kerman Cenozoic Magmatic Arc（SE Iran), and Their Magmatic-Metallogenetic Implications. Ore Geology Reviews, 38, 1-2, 27-36.

Syromyatnikov, N. G., Kolesnikov, V. V., Ostapova, N. V., Filimonova, L. Y., Kovalskiy, V. S., and Solodilova. V. V., 1988, Ore-Lead Isotope Data on the Age of Kazakhstan Porphyry Copper Deposits. Geochemistry International 25, 8, 1-11.

Thomalsky, J., Bräutigam, B., Karaucak, M., and Kraus, S., 2013, Early Mining and Metal Production in Afghanistan:The First Year of Investigations. Archäologische Mitteilungen. 45, 199-229.

Wong, K. H., Zhou, M., Chen, W. T., O, Hugh., Lahaye, Y., and Chan, S. L. J., 2017, Constraints of Fluid Inclusions and In-Situ S-Pb Isotopic Compositions on the Origin of the North Kostobe Sediment-Hosted Gold Deposit, Eastern Kazakhstan. Ore Geology Reviews, 81, 1, 256-269.

Zeimal, E. V., 1994, The Circulation of Coins in Central Asia during the Early Medieval Period（Fifth-Eighth Centuries A.D.). Bulletin of the Asia Institute, 8, 245-267.

Смирнова О. И. 1981, -Сводный каталог согдийских монет. Бронза. Издательство "Наука"Главная редакция восточной литературы. М.

李博泉，王京彬，2006, 国家三〇五项月系列丛书 总主编：涂光炽孙枢肖序常陈毓川何国琦中国新疆铅锌矿床．地質出版社.

中央アジアのコインの材料と鉛同位体比からみたイスラーム化以前の金属流通

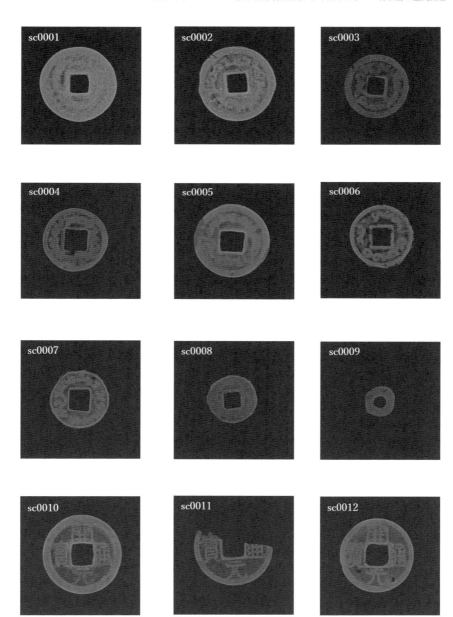

付録1　X線透過像
管電圧225 kV, 管電流2 mA, 時間60秒

163

シルクロードのコイン 1

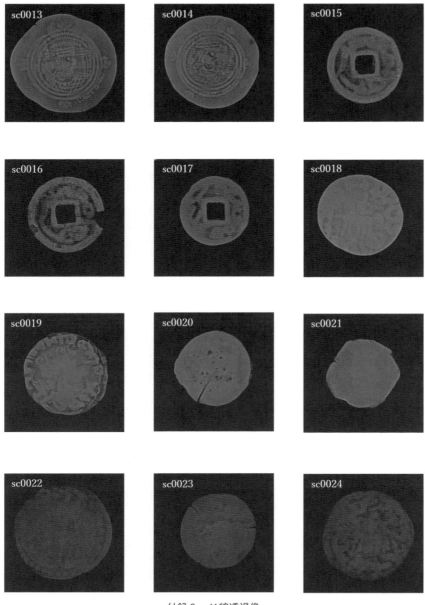

付録 2 　 X線透過像
管電圧225 kV, 管電流 2 mA, 時間60秒

中央アジアのコインの材料と鉛同位体比からみたイスラーム化以前の金属流通

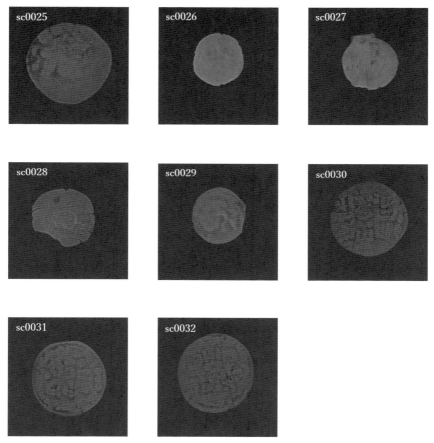

付録3　X線透過像
管電圧225 kV, 管電流2 mA, 時間60秒

ヒンドゥークシュ南北の貨幣とその周辺

奈良大学文学部　宮本亮一

はじめに

　文明の十字路と呼ばれることもあるヒンドゥークシュ山脈の周辺地域には、古来いくつもの集団が展開してきた。中には、クシャーンやエフタルのように、アフガニスタン北東部のバグラーン平原に拠点の一つを置き、広範な地域を支配した勢力もあり、それは、この地域が、政治、交通、交易などの要衝であったことを明確に示している。本稿では、イスラーム時代以前にヒンドゥークシュ山脈の南北で活動した諸集団が発行した貨幣に主眼を置きながら、この地域の歴史の一端を紹介したい。

　ヒンドゥークシュ山脈の周辺には、金、銀、銅、錫、鉛の鉱脈が存在するが（図1）、それらの組織的な調査はいまだ実施されていない（Thomalsky et al. 2013：Thomalsky 2014）。本稿で提示する貨幣が、どの地域で産出された鉱物を用いて製造されたのか判明すれば、貨幣を発行した集団の歴史を理解するうえで極めて大きな助けとなるが、それもほとんどわかっていない。例えば、クシャーンの金貨はローマの金貨を改鋳して製造されていたと言われたこともあったが、現在では否定的な見解が提示されている（Blet-Lemarquand 2006）。

1　クシャーン朝とその貨幣

　アレクサンドロス大王（前356〜323年）の東征以後、ヒンドゥークシュ山脈の北側はギリシア人勢力の支配下に置かれた。しかし、おそらく前2世紀中頃以降に北方から侵入してきた遊牧諸集団によってその勢力は徐々に駆逐され、

シルクロードのコイン 1

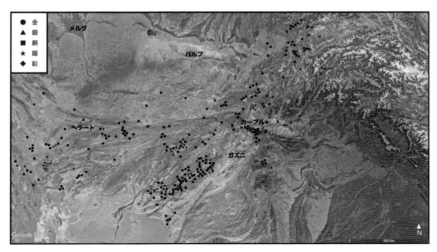

図1　アフガニスタンにおける鉱物資源の分布

その支配圏はヒンドゥークシュ山脈南側へと遷移していったとみられる。こうした遊牧諸集団と直接的な繋がりを持つかどうか、はっきりとわかっていないが、この地域で最終的に安定した支配権を確立したのは、1世紀後半にアフガニスタン北東部から台頭したクシャーンであった。

　周辺の競合勢力（漢文資料の「翕侯 / 翖侯」）を打倒した初代王クジュラ・カドフィセスは、ヒンドゥークシュ山脈を越え、ガンダーラにまで支配領域を広げ、その子の2代目ヴィマ・タクトゥは、さらに中インドのマトゥラーにまで勢力を急拡大させた。彼らの発行した貨幣の図像は、先行する勢力を受け継いだものであり、独自の要素はほとんど見られない（図2, 3）。

　政治的な面では不明な部分が多いものの、貨幣に関する大きな改革を行ったのは3代目のヴィマ・カドフィセスであった。ローマの金貨と同等（約8グラム）、あるいはその倍の重量の金貨を発行し、それらの表面には様々な独自の図像で王の姿を表した（図4, 5）。また、カニシュカ以降に受け継がれる立像を描いた銅貨も発行した（図6）。興味深いのは、先代ヴィマ・タクトゥが残したバクトリア語の碑文（104/105年）が発見されたガズニ西方のダシュテ・ナーウール近辺に金鉱が存在していることである（上記図1を参照）。ヴィ

ヒンドゥークシュ南北の貨幣とその周辺

図2　クジュラ・カドフィセス

図3　ヴィマ・タクトゥ／ソテル・メガス

図4　ヴィマ・カドフィセス

図5　ヴィマ・カドフィセス

図6　ヴィマ・カドフィセス

マ・タクトゥの時代にこの地域の支配権を押さえたことで、次代から金貨の発行が可能になったのかもしれない。

　ヴィマ・カドフィセスの後を継いだ4代王カニシュカ（位127〜150年頃）は、ガンジス川中流域にまで版図を広げ、王朝は最盛期を迎えた。ラバータク碑文など、バクトリア語の資料も数点知られている。仏典にその名が記されていることからも有名なこの王が発行した貨幣は、基本的に父ヴィマ・カドフィセスのデザインを受け継いでいるが、銘文はギリシア語からバクトリア語へと変化した（図7, 8）。また、この王と次代フヴィシュカの貨幣の裏面に表された神格の数は30以上にものぼり、両王治下で多様な宗教が認められていたことが見て取れる。中には、図像はほとんどそのままに、神格の名称のみが、ギリシア語のものから対応するイラン語のものに変更された例もあり、太陽神ヘーリオスはミフルへと変化した（図9）。

　5代目フヴィシュカ（位153頃〜185年頃）の治世には、バクトリア語のスルフ・コタル碑文が作成されており、バグラーン平原の西端に位置する王朝の神殿（スルフ・コタル遺跡）がヌクンズクなる高官によって修復されたことが知られている。この王の貨幣に描かれた肖像はヴァリエーションが豊富で、そのデザインは祖父ヴィマ・カドフィセスと共通して胸像が多く、カニシュカの貨幣のような立像は描かれなかった（図10）。この地域では、祖父の名前を年長の孫が受け継ぐ風習が知られており、フヴィシュカという名前も祖父のヴィマに由来しているが、両者の貨幣に共通点が見られることは、この風習と何らかの関係があるのかもしれない。

図7 カニシュカ
（ギリシア語銘文）

図8 カニシュカ（バクトリア語銘文）

図9 ヘーリオス／ミフル

　続くヴァースデーヴァ（位195頃～230年頃）は一転して立像のみとなり、この王の貨幣のデザインが次のクシャノ・サーサーンに受け継がれていった（図11）。クシャーン朝はこの王の頃から徐々に勢力が衰退し、最終的には223年にイランで勃興したサーサーン朝の攻撃によってヒンドゥークシュ山脈北側の領域を失ったとみられている。こうした状況と直接関係するかどうかはわからないが、金貨における金の含有量はヴァースデーヴァの時代から減少し始めたとみられている（Blet-Lemarquand 2006）。山脈の南側では、しばらくの間、クシャーンの勢力が存続したようで、退化した図像を持つ貨幣を発行した王が複数存在したようだが、貨幣の編年を含め、詳しいことはわかっていない。

2　クシャノ・サーサーンとその貨幣

　ヒンドゥークシュ山脈北側の旧クシャーン朝領域は、研究者によって「クシャノ・サーサーン」と呼ばれる勢力によって管轄されたと考えられている。アルダシール、ホルミズド、ペーローズ、バフラームといった名前と「ク

シルクロードのコイン 1

図10　フヴィシュカ

図11　ヴァースデーヴァ

シャーン王（κοþανο þανο）」という称号を持つその支配者たちは、サーサーン朝の王族であったと考えられている。この勢力に関係する資料はほぼ貨幣だけであり、詳しいことはほとんど何もわかっておらず、想定されている諸王の登位順も研究者によって異なるが、近年、バフラーム・クシャーン・シャー（あるいはその一族）から出されたバクトリア語の手紙が発見されたことは大きな発見であった。差出人の名前が先に書かれる手紙の書式から、その地位が極めて高かったことが指摘されている。

　メルヴで発行されたと考えられているクシャノ・サーサーンの貨幣では、王の肖像は向かって右横向きの胸像で表されており、銘文はパフラヴィー文字（中期ペルシア語）である（図12）。一方、主にバルフで発行されたと考えられている薄い杯状の金貨には、クシャーン朝の諸王と同様、向かって左横向きで、拝火壇のようなものに右手をかざす王の立像が描かれ、バクトリア語の銘文がみえる（図13）。

図12　ホルミズド・クシャーン・シャー

図13　バフラーム・クシャーン・シャー

3　キダラとその貨幣

　4世紀後半以降、ヒンドゥークシュ山脈の南北は、何らかの原因（気候変動か？）でアルタイ山脈近辺から移動してきた「フン」と総称される遊牧集団とサーサーン朝とが攻防を繰り広げる舞台となった。ローマの歴史家アンミアヌス・マルケリヌス（4世紀）は、350年代初頭以降、シャープール2世（位309～379年）が、東方から侵入してくるキオニタエ（キオン＝フン？）などの集団と、時に争い、時に同盟を結んでいたことを伝えている。キオニタエの詳細はわからないが、アンミアヌスが記す彼らの王の名前（グルンバテス）と同じ人名が約100年後のバクトリア語文書に登場することから、集団はアフガニスタン辺りに定着していったとみられる。

　その後、おそらく4世紀末～5世紀初頭頃、アフガニスタン北部でフンの一派キダラが台頭した。キダラの支配者を表したとされる印章の銘文には、「フンの王、偉大なクシャーン王」とあり、この集団が、フンを自称すると共に、この地域に伝統的な称号も併せて利用していたことがわかる（図14）。キダラ

シルクロードのコイン 1

図14　キダラの支配者を表したと思われる印章

図15　キダラ

はアフガニスタン北部からガンダーラ方面へと進出する一方、北方のソグドも支配下に置いた。

　キダラの発行した貨幣には、サーサーン朝の貨幣と同じく右横向きで王の胸像を表した銀貨があり、銘文はブラーフミー文字である。裏面には拝火壇とそれに向き合う2人の従者が描かれている（図15）。またこの系統の貨幣には、王の肖像が斜め横向きの胸像で表されているものがあり、先述した印章も同様のスタイルで描かれている（図16）。この斜め横向きの胸像は、4〜5世紀のローマの金貨に知られているが、中央アジアの貨幣や印章では、この時期以外に類例があまり見られない独特なものである（図17）。

　これらの銀貨とは別に、バルフで発行されたと考えられている、クシャノ・サーサーン金貨と類似の、左横向きの立像を描いた金貨も存在する（図18）。ただし、この貨幣のバクトリア語銘文をどのように読むかという問題は長年の議論を経ても解決されておらず、キダラという名前を確実に読み取れる実例は知られていない。

174

図16　キダラ

図17　アナスタシウス1世

図18　キダラ

　4世紀末以降しばらくの間、この地域ではサーサーン朝が強力であったようで、バグラーン平原を中心とした地域に、カダグスターン「（王）家の土地」と呼ばれる、サーサーン朝の直轄地のようなものが出現する。一方、後のエフタルとは異なり、キダラは徴税を行う存在としてバクトリア語文書に言及されていないため、ヒンドゥークシュ山脈の北側では勃興後の早い段階で支配権を失い、周辺地域へと移っていったのかもしれない。

4 アルハンとその貨幣

キダラの活動時期と重なるように、おそらく4世紀末頃以降、ヒンドゥークシュ山脈の南側でアルハンと呼ばれるフン系の勢力が活動を開始した。この集団名は、初期の貨幣にみえる銘文に基づくもので、文献資料にはほとんど現れない（ただし、7世紀のアルメニア語地理書に記される Alxon がこれに当たるという考えがある。また、『唐書』罽賓国条に、638年にカピシの支配者であったと記される曷擷支はアルハンに由来する名前を写したものと考えられている）。この集団は当初、シャープール2世（図19）、あるいは3世（位383〜388年）の貨幣を基に、バクトリア語で「アルハン（αλχανο）」という集団名を刻んだ貨幣を発行した（図20, 21）。この段階の貨幣には、貨幣学者たちが「タムガ」と呼ぶ2種類のマーク（S1とS2）がみられるが、それらのうちの1つ（S2）が後述するエフタルの貨幣にも現れることから、両集団は共通の起源を持っていたとのではないかと考えられている（図22）。ただし、このS2はやがてアルハンの貨幣には見られなくなり、S1だけが残る。

その後、集団は独自の貨幣を発行し始め、表面には特徴的な尖頭を持つ王の肖像が描かれるようになる（図23）。この段階以降、貨幣からはアルハンという集団名が徐々に消えてゆき、代わってキンギラ、メハマ（図24）、ジャヴカなど、支配者の名前が記されるようになり、ブラーフミー文字の銘文も現れる。一方で、アルハンの支配者たちの中には、メハマやアドマーナのように、クシャノ・サーサーンやキダラと同様に、左横向きの立像で支配者を表した杯状の貨幣を発行した者もいる（図25）。

アルハンの支配者たちの中では、トーラマーナとその息子ミヒラクラが有名で、彼らは5世紀末以降に南アジアへ侵入したが、中インドの地方王朝であった後アウリカラ朝によって撃退された（図26, 27）。中央アジア・西北インド方面から南アジアへと向かうアルハンの動きは、クシャーン朝のそれと類似しているが、アルハンはインド方面に安定した基盤を形成することはできなかった（あるいは、何らかの理由でしなかったのかもしれない）。

図19　シャープール2世

図20　アルハン

図22　マーク S1 と S2

図21　アルハン

図23　アルハン

シルクロードのコイン 1

図24　メハマ

図25　メハマ

図26　トーラマーナ

図27　ミヒラクラ

5　エフタルとその貨幣

　アルハンよりも遅れて、5世紀中頃に台頭したのがエフタルであり、このフン系の集団は456年以降の資料にその存在を確認することができる。また、483年のバクトリア語文書に「エフタルの税」という文言が現れることから、この頃にはアフガニスタン北部で覇権を確立させていたとみられる。諸文献が伝えるエフタルの支配圏は広大で、北はソグド、南はヒンドゥークシュ以南のカーブル（アラビア語文献などのカーブリスターン）やザーブル、西はペルシアに接し、東は現在の新疆西部のオアシス都市にまで及んでいたという。

　ところが、先に見たように、貨幣に基づけば、4世紀末以降ヒンドゥークシュ山脈の南側には、アルハンが展開していた。エフタルとアルハンとの関係を明快に説明することは難しいが、山脈北部から勢力を拡大したエフタルが南側のアルハンを吸収した、あるいは北側に進出したアルハンの中からエフタルが台頭した、といった過程を経て、最終的には1つの政治的集団を形成したのかもしれない。諸文献が山脈の南北を単一の勢力が支配していたように記しているのはそのためではないだろうか。

　貨幣学者は、先のアルハンと区別するために、以下に説明する貨幣を発行した集団を「真エフタル（genuine Hephthalite）」と呼んでいるが、その主要な貨幣はペーローズ（位457〜484年）の貨幣（図28）を基に製造されたもので、バクトリア語で「エフタル（ηβο＜ηβοδαλο）」という銘文が加えられている（図29）。また、肖像を取り囲む外周に4つの点があり、これはペーローズの貨幣には見られない、エフタル貨幣の特徴である。裏面には貨幣製造所名のバルフが見え、中にはアルハンと共通のマーク（S2）を持つものがある。

　ペーローズ系の貨幣とは別に、独自の肖像を描いた貨幣も存在し、左横向きで右手に杯を持った支配者の上半身が描かれている（図30）。支配者の頭髪は特徴的な生え際で、右襟を開いた上着を身につけていて、これらの特徴やペーローズ系の貨幣に見える鳥翼冠などは、エフタル支配下の中央ユーラシアにおける活発な人流の結果、各地に伝播したと考えられている。

図28　ペーローズ

図29　エフタル

図30　エフタル

6　ネーザクとその貨幣

　エフタルの大勢力は、560年頃にサーサーン朝と突厥に挟撃されて瓦解した。エフタルの一部は地方勢力としてアフガニスタン北東部に残存したが、山脈北側の支配者は、突厥、唐、ウマイヤ朝へと移り変わっていく。一方、山脈の南側では、エフタルの崩壊以前、おそらく5世紀末頃に、ガズニからカピシ辺りの地域で、パフラヴィー文字で「ネーザク王（nycky MLK'）」という称号を持つ貨幣を発行する集団が現れた。「ネーザク」と総称されるこの集団が発行

図31　ネーザク

図32　アルハン・ネーザク

した貨幣には、上述したアルハンの貨幣にみえるマーク（S1）を持つものが存在することから、両者の間には何らかの関係があったと見られており、漢文では「泥孰」と写される「ネーザク」という言葉（称号か？）自体も、エフタルに由来すると考えられている。

　他の集団と異なり、ネーザク貨幣の表面は当初から独自の図像を有しており、鳥翼冠と牛頭を組み合わせた特徴的な冠を被る支配者が描かれている（図31）。カーピシー（あるいはザーブル／ガズニ）の支配者が牛頭冠を戴いていたことは、漢文資料にも記されている。

　ネーザクの貨幣は、エフタルの大勢力が崩壊する頃まで製造されたと考えられている。その後、ネーザクはインド方面からカピシ・カーブル地方へと戻ってきたアルハンの一部と合流したとみられており、両集団の特徴を兼ね備えた貨幣が発行されている（図32）。その後、7世紀中頃以降になると、この地域には、テュルク・シャーと呼ばれる集団が、この系統の流れを汲む貨幣を発行し始めるが、本稿ではこれ以降の集団については扱わない。

おわりに

　イスラーム時代以前にヒンドゥークシュ山脈の南北で活動した集団の動向、および彼らが発行した貨幣について概観してきた。これらの集団はまず、先行する勢力の貨幣を土台に、そこに若干の変更を加えた貨幣を発行し、その後いくらかの時間を経て、独自の肖像を採用した貨幣を発行し始める。こうした流れは基本的にほとんど全ての集団に共通してみられるものであり、このことは、貨幣製造所が、そこを管轄する支配者が交代しながらも、絶えず活動を継続していたことを示しているようにみえる。また、最初の段階で前任者の貨幣の図像を継承するということには、その権威を継承するという意味合いもあったかもしれない。しかし、アフガニスタンを含む中央アジアでは、貨幣製造所の遺構が知られていないため、それがどこに存在したのか、どのような規模であったのか、支配勢力の交代にともなって移動したのかなど、多くの問題が未解決である。

　そもそも日本には、この時代の貨幣をまとまった分量所蔵している研究機関が存在しないため、それらを専門的に扱う研究者も存在しない。そのため、貨幣に関心のある研究者は海外の貨幣学者たちの研究成果を利用するほかないのだが、貨幣学者の数だけ編年も存在するという複雑な状況になっている。基本的に貨幣学の編年は図像の類似に基づいて構築されており、ポスト・クシャーン朝期に展開した諸集団の貨幣に関しては、その年代判定の基準となるのはサーサーン朝の貨幣にみられる図像の特徴である。しかし、貨幣学者は時に自身の説に都合が良いように東から西への影響を想定するため、年代判定の基準が揺らいでしまう。東から西への影響があったと想定すること自体は間違いではないが、そう主張するのであれば、それを納得させられるだけの証拠を提示しなければならないが、現状そうはなっていない。

　こうした問題を引き起こしている要因の一つは、現地の発掘調査が進まず、科学的な手続きによってもたらされた貨幣が極めて少ないことではないかと思われる。いつの日か、アフガニスタンの状況が、遺跡の発掘や鉱物資源の調査を実施できるようになるまで改善されることを期待しつつ、可能な範囲での支

援の道を模索したい。

参考文献

アラム，ミヒャエル（宮本亮一訳）（2017）「サーサーン朝からフンへ：ヒンドゥークシュ南北で発見された新出貨幣資料」宮治昭（編）『アジア仏教美術論集：中央アジア１』，中央公論美術出版，227-256.

田辺勝美（1992）『シルクロードのコイン』講談社．

Alram, M.（1986）*Nomina Propria Iranica in Nummis*, Iraniches Personennamenbuch IV, Wien: Ver-lag der Österreichischen Akademie der Wissenschaften.

Alram, M.（2014）"From the Sasanians to the Huns. The new numismatic evidence from the Hindu Kush", *Numismatic Chronicle* 174, 261-291.

Alram, M.（2016）*Das Antlitz Des Fremden: Die Munzpragung Der Hunnen und Westturken in Zen-tralasien und Indien*, Wien: Verlag der Österreichischen Akademie der Wissenschaften.

Alram, M.（2018）"The numismatic legacy of the Sasanians in the East", in: Daryaee, T.（ed.）*Sasa-nian Iran in the Context of Late Antiquity. The Bahari Lecture Series at the University of Ox-ford*, Irvine: Jordan Center for Persian Studies, 5 -37.

Alram, M. & M. Pfisterer（2010）"Alkhan and Hephthalites Coinage", in: Alram, M., D. Klim-burg-Salter, M. Inaba & M. Pfisterer（eds.）*Coins, Art and Chronology II. The First Millennium C.E. in the Indo-Iranian Borderlands*, Wien: Verlag der Österreichischen Akademie der Wis-senschaften, 13-38.

Bakker, H.（2017）*Monuments of Hope, Gloom, and Glory. In the age of the Hunnic Wars, 50 years that changed India（484–534）*, Amsterdam: Royal Netherlands Academy of Arts and Sciences.

Bakker, H.（2020）*The Alkhan. A Hunnic People in South Asia*, Groningen: Barkhuis.

Balogh, D.（2020）*Hunnic Peoples in Central and South Asia. Sources for their Origin and History*, Groningen: Barkhuis.

Blet-Lemarquand, M.（2006）"Analysis of Kushana gold coins: debasement and provenance study", in de Ro-manis, F. & S. Sorda（eds.）*Dal denarius al dinar. L'oriente e la moneta Romana*, Roma: Istituto italiano di numismatica, pp. 155-171.

Cribb, J.（1990）"Numismatic Evidence for Kushano-Sasanian Chronology", *StIr* 19/2, 151-193.

Cribb, J.（2010）"The Kidarites, the numismatic evidence", with an Analytical Appendix by A. Oddy, in: Alram, M., D. Klimburg-Salter, M. Inaba & M. Pfisterer（eds.）*Coins, Art and Chronology II. The First Millennium C.E. in the Indo-Iranian Borderlands*, Wien: Verlag der Österreichis-chen Akademie der Wissenschaften, 91-146.

Falk, H.（2015）*Kushan Histories. Literary sources and selected papers from a symposium at Berlin, December 5 to 7, 2013*, Bremen: Hempen Verlag.

Jongeward, D. & J. Cribb（2015）*Kushan, Kushano-Sasanian, and Kidarite coins: a catalogue of coins from the American Numismatic Society*, New York: American Numismatic Society.

Kunst Historisches Museum Wien（2012）*The countenance of the other. The coins of the Huns and Western Turks in Central Asia and India*, https://data1.geo.univie.ac.at/projects/dasantlitzdes-fremden/index.html%-3Flanguage=en.html（2022-12- 1 閲覧）.

Lerner, J. A. & N. Sims-Williams（2011）*Seals, sealings and tokens from Bactria to Gandhara*（*4th to 8th century CE*）, Wien: Verlag der Österreichischen Akademie der Wissenschaften.

Pfisterer, M.（2013）*Hunnen in Indien. Die Münzen der Kidariten und Alchan aus dem Bernischen Historischen Museum und der Sammlung Jean-Pierre Righetti*, Wien: Verlag der Österreichis-chen Akademie der Wissenschaften.

Schindel, N.（2016）"KUSHANSHAHS ii. Kushano-Sasanian Coinage", *Encyclopædia Iranica*, http://www. iranicaonline.org/articles/kushanshahs-02-coinage （2022-12- 1 閲覧）.

Thomalsky, J.（2014）"Afghanistan: Ancient Mining and Metallurgy: Initial Project Stage", *Pro-ceedings of the 9th International Congress of the Archaeology of the Ancient Near East*, vol. 3, Wiesbaden: Harrassowitz Verlag, pp. 647-661.

Thomalsky, J., B. Bräutigam, M. Karaucak & S. Kraus（2013）"Early mining and metal production in Afghani-stan: the first year of investigations", *Archäologische Mitteilungen aus Iran und Tur-an* 45, pp. 199-230.

Vondrovec, K.（2014）*Coinage of the Iranian Huns and their successors from Bactria to Gandhara*（*4th to 8th century CE*）, Wien: Verlag der Österreichischen Akademie der Wissenschaften.

図版出典一覧

図 1　Thomalsky et al. 2013: fig. 12 をもとに作図
図 2　Jongeward & Cribb 2015: no. 105
図 3　Jongeward & Cribb 2015: no. 157
図 4　田辺 1992: no. 159
図 5　田辺 1992 : no. 160
図 6　Jongeward & Cribb 2015: no. 277
図 7　Jongeward & Cribb 2015: no. 377
図 8　田辺 1992: no. 169
図 9　Jongeward & Cribb 2015: no. 374
図10　田辺 1992：no. 190
図11　田辺 1992：no. 198
図12　Schindel 2016: pl. 1b
図13　田辺 1992：no. 242
図14　Alram 2016: p. 35
図15　Alram 2016: p. 50
図16　Alram 2016: p. 51
図17　Alram 2016: p. 31
図18　Alram 2016: p. 42
図19　Alram 2016: p. 27
図20　Alram 2016: p. 66
図21　Alram 2016: p. 67
図22　Alram 2016: pp. 63, 97
図23　Alram 2016: p. 68

図24　Alram 2016: p. 83
図25　Alram 2016: p. 86
図26　Alram 2016: p. 92
図27　Alram 2016: p. 93
図28　Alram 2016: p. 28
図29　Alram 2016: p. 102
図30　Alram 2016: p. 102
図31　Alram 2016: p. 110
図32　Alram 2016: p. 117

執筆者〈五十音順〉

竹井 良（たけい　つかさ）
帝京大学文化財研究所客員研究員、公益財団法人山梨文化財研究所研究員。専門は保存科学。1996年生まれ。帝京大学大学院文学研究科博士前期課程修了。現在は、同大学大学院博士後期課程在学中。

平野伸二（ひらの　しんじ）
個人研究者。専門は古代インド打刻印貨幣、シルクロード貨幣。1964年生まれ。著書に "The Ghaghara-Gandak River Region ca. 600-300 BC: Archaic Silver Punchmarked Coinage". IIRNS publication。現職は関西医科大学医学部生物学教室教授。

藤澤 明（ふじさわ　あきら）
帝京大学文化財研究所教授。専門は保存科学、保存修復。1977年生まれ。東京藝術大学大学院美術研究科博士課程学位取得修了。独立行政法人東京文化財研究所を経て現職。論文に『キルギス共和国アク・ベシム遺跡より出土したコインに用いられた材料と産地推定』（帝京大学文化財研究所研究報告第22集）など。

三浦麻衣子（みうら　まいこ）
帝京大学文化財研究所客員研究員、公益財団法人山梨文化財研究所研究員。専門は文化財科学。1983年生まれ。東京学芸大学大学院教育学研究科修士課程修了。論文に『アク・ベシム遺跡出土の金属製品の保存修復』（帝京大学文化財研究所研究報告 第18集）など。

宮本亮一（みやもと　りょういち）
奈良大学文学部准教授。専門は中央アジア史。1979年生まれ。龍谷大学大学院文学研究科博士後期課程学位取得修了。日本学術振興会（特別研究員PD）、東京大学附属図書館（特任研究員）を経て現職。論文に "Letters from Kadagstān", Bulletin of the Asia Institute 31; "Étude préliminaire sur la géographie administrative du Tukhāristān", Studia Iranica 48/2 など。

山内和也（やまうち　かずや）
帝京大学教授、帝京大学文化財研究所長、帝京大学シルクロード学術調査団長。専門はシルクロードの考古学・文化史。1961年生まれ。早稲田大学大学院文学研究科（修士課程）、テヘラン大学人文学部大学院古代イラン文化・言語学科（修士課程）修了。独立行政法人東京文化財研究所を経て、2016年より帝京大学教授・帝京大学シルクロード学術調査団長、2022年より帝京大学文化財研究所長。共編著に『読む事典　シルクロードの世界』（NHK出版）『アフガニスタンを知るための70章』（明石書房）など。

吉田 豊（よしだ　ゆたか）
帝京大学文化財研究所客員教授、京都大学名誉教授、英国学士院客員会員。1954年生まれ。専門はイラン語史、ソグド語文献学、京都大学文学修士、IBU国際仏教大学、神戸市外国語大学、京都大学を経て現職。著書には『ソグド語文法講義』（臨川書店 2022年）。Three Manichaean Sogdian letters unearthed in Bäzäklik, Turfan, Kyoto 2019 など。

＊本書は JSPS 科研費21H04984（基盤研究（S）「シルクロードの国際交易都市スイヤブの成立と変遷―農耕都市空間と遊牧民世界の共存―」研究代表者：山内和也）の助成を受けたものである。

帝京大学シルクロード叢書 001

シルクロードのコイン 1

2025年2月10日　初版第1刷発行
2025年3月20日　初版第2刷

編著者	山内和也
著　者	竹井　良　　平野伸二
	藤澤　明　　三浦麻衣子
	宮本亮一　　吉田　豊
発行者	岡田和幸
発　行	帝京大学出版会（株式会社 帝京サービス内）
	〒173-0002　東京都板橋区稲荷台10-7
	帝京大学 大学棟3号館
	電話 03-3964-0121
発　売	星雲社（共同出版社・流通責任出版社）
	〒112-0005　東京都文京区水道1-3-30
	電話 03-3868-3275
	FAX 03-3868-6588
装幀・印刷・製本	精文堂印刷株式会社

©Kazuya Yamauchi 2025, Printed in Japan
ISBN：978-4-434-35249-2 C3022

無断転載を禁じます。落丁・乱丁本はお取り換えします。

帝京大学シルクロード叢書

発刊のことば

　「帝京大学シルクロード叢書」は、帝京大学が行って参った歴史学や考古学あるいは文化財学などの研究活動において蓄積した知見をもとに、特にシルクロードをテーマとした研究成果をまとめるものです。

　シルクロードに関する学術調査は、帝京大学文化財研究所の研究者によりプロジェクトが組まれ、シルクロード学術調査団として長年にわたって行われてきたものであります。シルクロードと申しましても、またがる地域は多岐にわたり、多くの国で発掘調査が行われ、専門的な分析がなされている中、我々は特に重要な拠点と言われている地域を中心に学術調査を行う恵まれた機会を与えられ、多くの成果を上げてまいりました。

　また、このプロジェクトは単なる学術調査に限定されるものではなく、それぞれの地域における重要な文化財を発掘し保存する活動として、将来の地域開発にも貢献できるものであることも申し上げたいと思います。

　本書を通じて、得られた様々な知見を読者の皆様にご覧いただき、埋もれた歴史を表層化させ、人類が歩んできた道のりを想起する面白さとロマンを感じていただければ幸いです。

　終わりに、シルクロード学術調査団の弛まぬご努力と、「帝京大学シルクロード叢書」出版に携わられたすべての皆様にお礼申し上げます。

帝京大学理事長・学長　冲永佳史